THE CHARGE

ACTIVATING THE 10 HUMAN DRIVES
THAT MAKE YOU FEEL ALIVE

自分に自信を持つ方法

満たされた人生に変える
10のレッスン

ブレンドン・バーチャード 著
松丸さとみ／夏井幸子／小巻靖子 訳

フォレスト出版

THE CHARGE by Brendon Burchard

Published by arrangement with Folio Literary Management, LLC and Tuttle-Mori Agency, Inc.

愛情深い、私の敬愛する家族に本書を捧《ささ》げる。

満たされた人生を追い求め、生きる道を選ばせてくれた母、ヘレン、ブライアン、デイヴィッド、そして、私にとってこのうえない存在である、優しさと生気に満ちた美しい妻のデニス。

この本は父にも捧げたい――父さん、あなたはあまりにも早く逝《い》ってしまった。でも、あなたの心は永遠に私たちが引き継いでいくだろう。

読者のあなたへ

ハイパフォーマンスのコーチ、スピーカー、トレーナーである私は、世界中の本当に素晴らしい人々（ここには私のメッセージに耳を傾けてくださるオーディエンスも含まれている）とご一緒する機会に恵まれた。

この本で紹介するストーリーの多くは、私の経験や、クライアント、オーディエンス、ときには友人、家族とのやり取りの場面を切り取ったものである。私が伝えたい重要なポイントと関係のない些細《ささい》な部分は省いたり変えたりしている。そして、打ち明けるなら、なかには脚色したストーリーもある。

しかし、いずれの場合も私は友人やクライアントにまつわる話のエッセンスを伝え、自分の人生を変えようとするあなたの役に立つよう最善をつくした。

気に入っていただけるとうれしい。

私は医師でもなければ、認定を受けた臨床心理士、心理療法士、精神科医、神経科学者、金融、法律の専門家でもない。どちらかというと研究、奉仕をする立場であり、これらの分野で学んだ知識は喜んで提供させていただくが、それは専門家としてのアドバイスを提供しているわけではない。

この本に書かれているアドバイスを実践して、あなたの人生に何が起きようと、悪いことも良いことも含め、私はその責任を負うものではない。

自分の人生は自分で築く。

それが大前提だ。

このページは満たされた人生へのレッスン1である。ここでは、私たちは何にでも楽しんで意欲的に取り組めることをお伝えしたい。

ではよい旅を——。

ブレンドン・バーチャード

自分に自信を持つ方法●目次

第1部　5つの基本的な行動意欲
〜コントロール、能力、一致、思いやり、つながり

第2章　コントロールすることに対する行動意欲

第2部 前進するための5つの行動意欲
～変化、挑戦、自由な表現、貢献、意識

第7章 5つの「前進するための行動意欲」とは?

第8章 変化に対する行動意欲

第9章　挑戦に対する行動意欲

第10章　自由に表現する行動意欲

序章

あなたの人生を変えるための決意

「私たちは生きる準備をするばかりで、けっして生きようとはしない」
――ラルフ・ウォルドー・エマーソン

▼今の場所から飛び出した世界へ――

満たされた人生――それは、時間が止まったような美しい村で、安定と変わり映《ば》えのしない毎日を繰り返していたのでは、**本当に生きている**とは到底いえない人生である。生きるに値する人生は、**あなたが今いる場所から飛び出した世界**にしかない。

そうした世界は、木々がうっそうと生い茂る未知の世界、あなたの心の内にある悪魔との戦いの連続で、常に知恵や意志が試される岩だらけの戦場だ。そうした戦場に現れる嵐や苦難の中を重い足どりで進むとき、あなたは意味のある人生を見つけることができる。聞こえてくるのは自分より強い敵の囁《ささや》きや嘲《あざけ》りだけ。叩《たた》きのめされて自分の弱さを思い知る。石や矢が飛んでこようと、壁が立ちはだかろうと、長所、強み、個性、勇気をかき集めて登り続けないかぎり、山の頂《いただき》には到達できない。

安住の地から外の世界に飛び出さなければ、最高の自分と出会って本当の人生を生きる

のは不可能なのだ。

先の見えない冒険の世界に身を置いて、初めてあなたは力のかぎりをつくし、自分を向上させ、自己実現することができる。何かを求めて困難に立ち向かい、汗や涙を流さなければ、知恵を身につけることも、人生の意味も見いだすこともできない。

あなたが必死にあがいているとき、声援を送り続け苦労を共にしてくれる兄弟、家族、友人たち。あなたは彼らに支えられて、疲れ果てても、恐れを感じながらも前進していく。

それは地図にはない道で、そこを進む者は、あなたの他にはいない。

くねくねとした道がどこまでも続き、ようやくたどり着いたと思っても、でこぼこの道が新たに始まる。たとえチャンスという野原に出たとしても、勝利とさらに高い次元を求めて再び歩き出さなければならない。

外に出て自分の本当の姿になって世界と向き合い、周囲の人々の魂を覗《のぞ》き込み、そこに穢《けが》れなきイメージを見いだしたとき、あなたは無条件で無限の愛を勇敢なまでに捧げることができる。

これまで築いてきた快適で恵まれた生活から離れ、決まりきった毎日から抜け出したとき、あなたは窮屈な考え方から解き放たれ、欠点を克服して大きく飛躍し、最高の自分を表現することが可能になる。

選択、挑戦、恐れ、自由が満ち満ちた世界で、あなたの最高の才能と冒険があなたを待っている。

そう、あなたの本当の人生が待っているのだ。

勇気を出して旅立ちの準備をしよう。自信に満ちた自分を取り戻すときがきたのだ。

あなたはどんな人生を手に入れたいのか?

退屈な生活、心が乱れた状態、何の魅力もない自分、無関心――つまり〝普通の人生〟を送ることを躊躇《ちゅうちょ》なく否定する、それがこの本である。そして、今あるエネルギーのままでいいのかという疑問を投げかけ、もっと生き生きとした、自信に満ちあふれた生き方をするようあなたに迫る本である。

この本『自分に自信を持つ方法』に書かれていることは実用的で、ときに常識的な考えにはとらわれない。世の中にあふれる間違ったアドバイスも、ほぼ半世紀におよぶ心理学的な間違いも切り捨て、ただ1つの目的地に至る、輝くような黄金の道を開いていく。

その目的地とは、**リアルに今を生きていることを強く実感させる新しい人生**である。

現実に目を向けてみよう。

今、世界の人々の心のエネルギーはレベルゼロの状態にある。

過去40年の間に、先進国の大半でうつ病と診断される人が10倍近く増えた。食糧、お金、教育、安全、芸術、医療――幸福という言葉で表せるほぼすべてのものが世の中にいき渡っているというのに、うつ病の数は増えるばかり。不安、疲労、ストレス、もやもやとした不快感に、「もううんざり」「自信が持てない」「欲求不満だ」という人があとを絶たない。

あなたにも覚えがあるだろう。

生活に必要とされるもの――安全、住居、食糧――はすべて手にしているのに、「心が躍るように楽しい」「十分な結果を出せた」「毎日に満足だ」と感じることのできる日があまりに少ないことを――。

「自分自身との約束を果たしていない」「能力を発揮していない」と思っている人もいるだろう。

年の初めには大きな志を抱いていてもいつも挫折《ざせつ》してしまう人、1週間の予定はぎっしり埋まっているのに、この仕事は人生をかけてやる仕事ではないと心のどこかで感じている人もいるだろう。やる気や願望、知性や意志も備えているのに、迷いが生じて先延ばしにするという繰り返し、そんな人もいるだろう。

ネットという世界は、すべての人やものとつながっているが、つながりを強く実感することはない。それゆえに、毎日精いっぱい生きるための許可のようなもの、あるいはタイミングを待ち続けている人もいる。

あなたは、そうした何か、自信を手にしたいと感じているのだ。

実際、世の中にはもっと素晴らしい何かがあることをあなたはわかっている。かつて何かに夢中になって心が満たされた幸福な時間を何度も経験しているからだ。大きな冒険をして、何の不安もなく、希望に満ちていたときのことを覚えているはずなのだ。

つまり、自信に満ちあふれた人生——生きることに対しての活力、熱意、情熱がすべて高いレベルにある状態——をあなたはすでに体験し味わっているのだ。

そうであるなら、あなたが自分や他人、あるいは人生に対して感じている不満や退屈、不安や恐れといったマイナスの感情は、幼少時代の成長過程や現在置かれている環境とはいっさい関係がない。

人生に熱いものが欠けているのは、**人生戦略そのものが間違っている**からだ。

自分の意識の内にあるものを戦略的にコントロールしていないから、いつも何かに打ち込み、人とつながり、満ち足りた気持ちで生きることができないのだ。

心の中で火花が散るのを感じ、そのあと何日も生き生きと過ごすことができた、そんな経験は誰にでもある。しかし、そんな経験を1、2度で終わってほしくない。それなら催眠術師が見せる安物のトリックと変わらない。

私は、あなた自身も知らない可能性と生きる自信に満ちた新しい世界に案内したいのだ。もっと生き生きとした、変化に富んだ、心躍る、魅力的な世界をあなたのものにしてほしいのだ。

私は多くの人をそんな人生に導くために、15年間、心理学、神経科学、潜在能力、ハイパフォーマンスの分野など学べることをすべて学んできた。人が人生のあらゆる場面で戦略的、根源的、永続的に活力、熱意、情熱——つまり、内的エネルギーを高められるよう手助けすることに人生を捧げてきた。

たとえば、企業役員が会社だけではなく自らも活力を得る、夫婦や恋人が愛を実らせる、スポーツ選手がかつての能力を取り戻す、芸術家がさらに高い才能を呼び起こす、親が子どもとの関係を築き直す、セレブや政治家が人々から受け入れられる関係を強化する……。

こうして私は、世界一報酬の高いハイパフォーマンスのコーチ、トレーナーの1人に数えられるようになった。

しかし重要なのは、私の問題ではなくあなたの問題だ。

私があなたに伝えたいのは、あなたが最高の人生を送ることのできるプラン——いや、**あなたに最高の人生を送るよう迫る戦略的プランを立ててもらう**ことなのだ。

「10の行動意欲」があなたに自信をもたらす

誰もがつながり合うこの世界で、「何かが足りない」「孤立している」という思いを持つ人が多いのはなぜだろうか。

パソコン1つですべてのノウハウが手に入るのに、人生を変えるにはどのキーを打てばよいのかわからないのはどうしてなのだろうか。安全、住居、チャンス、選択肢、世界とつながる方法など、これほど多くのものを持っているのに、いつも冷めた気持ちでいるのはどうしてなのだろうか。

議論を巻き起こすかもしれないが、その答えとは、**人の基本的な行動意欲が進化したか**らである。

脳や身体、社会が大きく変化し、人に幸福感、やる気、満足感を与えるものが50年も昔とはすっかり変わってしまったのだ。古い生物学者なら、たかが半世紀の間に人の脳と身体が進化して人類全体の行動意欲が変わってしまうなどあり得ない話だと怒り出すだろう。とはいえ、人の行動意欲が以前とまったく様子が変わってしまったのは明白である。

少し考えてみよう。

人類の長い歴史の中の今という一瞬に、人の行動や文化はあらゆる面で変わった。働き方、健康、住居、人間関係、購買欲求、時間管理、寿命、国家など、時代を50～100年さかのぼることができたら、すべてがどれほど変わったかがよくわかるだろう。

そして、変化した世界で生き残り繁栄するために、当然、人も変わらなければならなかった。考え方、感じ方、行動が変化した世界に適合させる必要が生じたのだ。つまり、行動意欲も進化したといえるのだ。

社会が豊かになると、人を動かすのはニーズだけではなくなる。先進国では食糧、住居、安全、帰属意識など、基本的ニーズの大半が満たされている。しかし、私たちは満足しているわけではない。

多くの人が知っているものに、１９４０年代に心理学者アブラハム・マズローが提唱した「欲求段階説」に基づいた理論があるが、実はその大半は誤って解釈されている。人はニーズが満たされると満足感を覚えるはずだと。

しかし、誰もが何か変だと感じている。

豊かな社会では「必要なもの」は、それほど重要ではない。それよりも「自分が欲しいもの」に目を向け始める。そこには多くの選択肢があり、どんな人生を選ぶかも自由である。

しかし、必要なものから欲しいものへのシフトによって、ビジネスの世界では何が起きただろうか。

今日のビジネスパーソンは内的な行動を強く求めている。

創造的なもの、社会的つながり、デザイン、ストーリー、貢献など、組織や集団という枠組みを超えたプロジェクトに関わって充足感を得たいという思いが強い。仕事や目標、プロジェクト、リーダーなどを評価するとき、私たちは人との関わりや美的感覚、内なる変化、意義のある協力を最優先するようになった。

つまり、多くの〝友達〟が周りにいるビジネスのあり方に変わったのだ。

これは何も組織に属さず自由に働いているフリーエージェントたちだけではない。実際、人間の脳は、安全という動物の基本的ニーズから自由になると、新しさや挑戦、つながりや自由な表現に向けられることが研究で明らかになっている。また、幸福に関する世界的な調査でも、同じような結果が確認されている。

私たちは仕事に打ち込みたいと思っている。しかし、私たちを仕事に打ち込ませるのは、選択、貢献、創造的表現といったものなのだ。

では、基本的ニーズが満たされても幸福感が感じられない中、自分自身を考えたり、戦略的に行動していくにはどうすればよいのだろうか。

仕事も家庭も大きく変化する中、自信に満ちあふれた人生へと導いてくれるのは何なのだろうか。

充実感を取り戻し、喜びに満たされた人生を送るにはどうすればよいのだろうか。

あなたの本来持っている能力を発揮して人生を歩んでいくには、どうやって前に進めばよいのだろうか。

『自分に自信を持つ方法』では、そうした人間らしい行動意欲、つまり、**生きていることを実感するために行動を起こすことについての新しい枠組み**を提示していく。

あなたは満たされた人生を生きるために、どうコントロールし、変化すればいいかを学んでいく。こうした作業は、おそらくあなたの人生の中で初めての経験になるだろう。


満たされた人生とは、意識的に作られた状態で、活力、熱意、情熱が並行して高いレベルにある状態である。それは目的を持って選ばれた人生であり、私たちを本来の人間らしい姿にする**「10の行動意欲」**を働かせることで実現される。

これは、一時的な感情でもなければ一瞬のうちに消える火花でもない。どんな暗闇《くらやみ》だろうが、いつもあなたを照らしてくれる魂の中の炎である。詳しくは第1章で述べるが、今は「意識的に作られた状態」と記憶しておいてほしい。

人生を自信に満ちあふれたものにするには、「10の行動意欲」について理解し、それを実践する必要がある。「10の行動意欲」は心理的レバーで、人生に刺激を与えたいときや、人生を取り戻したいときに使うとよい。

第1部では、まず5つの**「基本的な行動意欲」**と実践方法について説明する。「基本的な行動意欲」とは、**「コントロール・能力・一致・思いやり・つながり」**に対して抱く最も自然な行動意欲である。

第2部では、**「前進するための行動意欲」**について解説していく。これは**「変化・挑戦・自由な表現・貢献・意識」**の5つで、あなたの人生が飛躍していく要素になる。

「基本的な行動意欲」と「前進するための行動意欲」の「10の行動意欲」が、あなたを自信とエネルギーに満ちた人生へと導いていく。

自分自身を知る旅はけっして楽な道のりではない。人生の手綱《たづな》を握って新しい道に進んでいくと決めても、そこはでこぼこで快適とはいえない。しかし、とるべき道はそれしかないのだ。

人生を変えるのは並たいていのことではない。私は今、最高の人生を送っているが、ここにたどり着くまでには自動車事故、転職、混乱、葛藤《かっとう》を経験してきた。そんな旅の途中で、私は行動意欲にうまく働きかけ、そのおかげで喜びと自信に満ちた人生を手にすることができた。

だからこそ、私はあなたにも同じような人生を手に入れてほしいのだ。そのために、あなたが入っている鳥かごを揺らして、安住の地からあなたを追い立てるつもりだ。

なぜなら、あなたの行動を止め、何かいいことが起こらないかと期待しながら同じ道にいることは、い、つ、で、も、で、き、る、からだ。

しかし、心を正常にし、自信に満ちたエネルギーを使うことを、「時代」が求めている。

それには、自信を持って能力を十分に発揮する、「あなた」が必要なのだ。

意志の力が脳をしのぐとき

あなたの立場や周りの状況がどうであれ、どんなチャンスがめぐってこようとも、何を経験し、どう解釈し、最終的にどんな世界を築くかはあなたの自由である。

この言葉を信じる人は、満たされた人生を戦略的に選択して生きている人だ。

そうはいえ、私もこれまでの人生で3度の挫折を経験した。

最初は、大学時代に高校生の頃からつき合っていた彼女と別れてうつ状態になったとき、2度目は1年間ずっと落ち込んで自暴自棄な暮らしをし、交通事故にあったときだった。

この事故は、私の乗っていた車が時速135キロでカーブを曲がり切れずに横転したのだ。

このとき私は、死に直面した人間の頭には3つの問いが浮かぶことを知った。

私は精いっぱい生きただろうか?

私は人を愛しただろうか?

私は誰かの役に立っただろうか?


魂を揺さぶられるような、私の人生のすべてについて問い直す体験だった。

それまでの私は、人生を全力で生きていなかった。だが事故をきっかけに真剣に生きようと思ったのだ。

そこで私は、人生をやり直すチケットを使い、最期を迎えたときに満足のいく答えを出せるよう、意識的に生きていこうと決めたのだ。

この人生2度目のチケットのおかげで、その後の15年間、人とつながり合う、気力あふれた、意味のある時間を過ごすことができた。その間に「10の行動意欲」を発見して、数百万ドル規模のビジネスを立ち上げ、世界的に有名なセレブや企業役員のコーチを務め、本を数冊書いた。

恋に落ち、結婚し、家族を支えながら世界中を飛び歩いた。立ちはだかる難関も切り抜け、著名なリーダーやモチベーターと一緒に講演し、まさに想像以上のことをやり遂げた。

私の周りの人たちは、誰もがこう尋ねた。

「どうすればそんなにたくさんの楽しいことや集中力、エネルギーが生まれてくるんだ？」


ところが、3度目の挫折ですべてが変わった。

心から愛していた父が白血病と診断され、突然この世を去ったのだ。

この突然の出来事に、私は心のレバーすべてを使って、父のため、自分や家族のために強い心で乗り越えた。しかし、父の死は間違いなく私を消耗させていった。

結局、しばらく経って、すべてが一瞬のうちに崩れ落ちた——また事故にあったのだ。

皮肉なことに、この本の執筆に取りかかった頃、3度目の挫折を迎えた。


あの日のことは鮮明に覚えている。

メキシコの人気《ひとけ》のない白い砂浜を、私は親しい友人たちと4輪バギーを走らせていた。

空は澄みわたったブルー、空気はわずかに湿り気を帯びていて、凪《な》いだ海は青緑色。

私は砂浜の直線に伸びる海岸線の最後の部分に差しかかっていた。

その日は父のことがしきりに思い出された。

運転の仕方や生き方を教えてくれたのは父だった。

そんな思いに気をとられたのだろう。ぼんやりと海に目をとられていた。時速55キロで砂浜を走っていた私は、砂が小さく盛り上がっている前方に気づかなかった。15年前ハイウェイを走っていた車が宙返りをしたときは、すべてがスローモーションのように感じられたが、今回はあっという間の出来事だった。

4輪バギーは砂に乗り上げると宙に浮き、勢いよく横転した。私は地面に叩きつけられた。肺から空気が一気に出ていった。私は砂の上を転がり、4輪バギーがブーンと音を立てながら跳ね上がった。

「神様、どうかあの車が私の上に落ちてきませんように」

私はそう祈った。

気がつくと、友人が膝《ひざ》をついて私を取り囲み、大丈夫かと聞いている。返事もできなかった。目がちかちかするので何度も瞬《まばた》きし、呼吸を整えようとしたが、頭が痛み、左足は感覚がなく、左腕は悲鳴を上げているのがわかった。

友人が私を町の病院まで運んでくれた——その間の2時間、頭、肩、手首、肋骨《ろっこつ》、腰。左半身が激しく痛んだ。

最初の診断はそれほどひどいものではなかった。手首の骨折と肋骨の挫傷。命が助かっただけで、私は運がよかった。

ところが、3カ月経ってこの本を書き始めた頃、私の人生はめちゃくちゃになっていた。集中できず、何かを計画することも、想像することも、記憶することもできなくなっていた。判断を下すのにやたらと時間がかかった。

成功が空《むな》しいことに感じられ、人に共鳴も共感もできなかった。自分の感情をむき出しにし、衝動的に行動した。頭がぼんやりし、何にも夢中になれず、人とつながっているという感覚も充足感もなかった。

そしてさらに悪いことに、父の死という悲しみですっかり消耗し、エネルギーがつきてしまったのだ。人生という乱気流を漂いながら、私は惨《みじ》めな思いを味わっていた。

このままやっていれば、そのうちよくなるだろう。幸福であるための要素が私にはすべて備わっているのだから——魅力的な妻、愛情深い家族、夢中になれる仕事、素晴らしい家や車、電話1本でつながるセレブな友人たち……。

しかし、何かが変だった。

結果的に、この本を書いたことで私は救われることになった。

人を行動へとかり立てる行動意欲について考えをまとめ、それが正しいことを裏づけるために、私は長年にわたって神経科学の研究をしていた。脳についても多くを学んだが、ある朝、その知識に照らし合わせてみなければならない出来事があった。

数週間原稿と格闘していた私は、ある晩20ページ書き進んだ。翌朝すぐにパソコンに向かい、前の晩書いた文章に目を通した。

人生は一瞬のうちにがらりと変わってしまうものだ。文章を見て、どの文も言葉が抜け落ちていた。さらにひどいことに、何を書こうとしていたのか読み取れず、抜け落ちた言葉を補えない文が多数あった。非論理的文章の断片が並んでいるのを見て、私は言葉を失った。言語能力と記憶に問題が生じているのは明らかだった。

私は不安に襲われ、神経科学で学んだことを思い出した。おかしいのは「私」ではなく、私の「脳」なのだと……。

そして、ここ数カ月の出来事がよみがえってきた。

・顧客向けのビデオを撮影していたとき、右目だけが勝手に動き出した。
・衝動的に車を買ってしまった。
・いつもなら喜びやつながりを感じるはずの場面で何の感情も湧かなかった。
・重要なプロジェクトに集中できなかった。
・父を失った悲しみに、突然感情が抑え切れないときがあった。
・チームの仲間から「どうかした?」と何度も尋ねられた。

例を挙げればきりがない。

私は脳の検査を受けた。診断は脳に損傷——脳震とう後症候群——を負っているということだった。前頭前野《ぜんとうぜんや》の損傷は集中力、感情制御、理論的推理力を損なっていた。小脳の機能低下は判断能力の衰えという形で表れ、海馬《かいば》の活動低下は記憶力に影響を及ぼしていた。

私はこの本を書きながら、以前のようなエネルギーを取り戻すために全力をつくした。脳の機能を回復させ人生に活力を吹き込むことに思考と注意を向けた。心理学、神経科学、ハイパフォーマンスで知ったことをすべて実践した。

あらゆるエネルギーをかき集め、肉体的限界を克服し、あなたのためにこの本を書いた。思考の限界を確かめながら、苦労に苦労を重ねて書いた本なのだ。

私は大きな病気やけが、あるいは死に立ち向かおうとした人たちを知っている。広い視野で見ると、私の事故やストーリーなどどうということもない。それでも私が試練を乗り越えてきた、心と人生を意識的にコントロールすることを、あなたにも伝えたいからである。自信に満ちあふれ、生き生きとした人生をどうすれば取り戻せるか私にはわかっていた。「10の行動意欲」を知っていたからだ。私はそれを働かせることに全力をつくしさえすればよかった。

私はこの本で述べる戦略を努力を重ねて実践したおかげで、自信、活力、熱意、情熱はどれもこのうえなく高いレベルにある。このレベルがどんな感じか、あなたもこれから自分で体感してほしい。

あなたも同じ結果が得られるよう願っている。人生とはどう転ぶかわからない。あなたの人生は一瞬一瞬、1日1日の積み重ねによって築かれる。あなたの1つひとつの行動があなたのストーリーを作り上げ、人生で最高のクライマックスへとつながっていく。

私のように頭を強打しなくても、よりよい人生にするために努力しようと決心することはできるだろう。この瞬間、あなたは自分の内にある最高のものをもう一度引き出してみようと決意するはずだ。

次はあなたの番である。あなたの本当の人生があなたを待ち受けている。

準備はいいだろうか。さあ、始めよう。

第1章

暗闇から抜け出る

15年間ハイパフォーマンスのコーチを務めている私は、何をがんばるでもなくどこか満たされない平凡な毎日を送っていた人が、そんな生活から抜け出すことを選択して劇的に変わっていく姿を見てきた。また、すでに幸福な人生を手にしていた人が、自信や充足感を一段と高めた例も知っている。

あなたの満足度がどの程度であれ、自分が今どんな人生を生きているのか、その人生を送るに至った自分はどんな人間なのか、これを認識しておくことは重要である。

そこでまず、まったく異なる3つのタイプの人生を見ておこう。

人生における3つのレベル

満たされた人生は、多くの人の人生とは大きく異なっている。

こうした人生は、実現が難しいということではなく、むしろ、長期的な活力や熱意――これを「満たされたレベル」と呼ぼう――について考える人、戦略的な人がほとんどいないということである。

忙しさにかまけていると目の前のことにとらわれてしまって、現実や将来について考えることができなくなっていることに誰も気づいていない。スケジュール帳だけにとらわれていると、今の自分や将来を総合的にとらえるのは難しい。

どんなに忙しくても、仕事やパソコンの画面から顔を上げ、自分の人生についてどう感じているか、人生の質はどうかを問い直してみるとよい。現実と未来に対して、どれほど興奮を覚えているかを問い、自信に満たされたレベルを把握することが必要だ。

このレベルが高いということは、活力、熱意、情熱がみなぎっているということで、本当は誰もがそれを望んでいるのだ。


満たされたレベルには**「質と強度」**という2つの面がある。

質には正と負、強度には弱から強まである。正のエネルギーが望ましい強度で常に満たされているのが理想だ。

あなたの場合はどうだろうか。

あなたが日々感じているエネルギーの質と強度は、望み通りのものだろうか。

今のエネルギーレベルで、仕事に向かい人や自分をやる気にさせることができるだろうか。パートナーや子どもに、愛情を効果的に伝えられるだろうか。

私は15年間研究を続け、人生は3つのタイプに大別できることがわかった。あなたは今3つのいずれかを生きている。

その3つの人生に対して、**「そのままの人生を歩むのか」「人生を発展させるのか」「進**

む道を変えるのか」、それはあなたの自由である。
まず、それら3つの人生がどのようなものかを見て、満たされた人生がどう違うのかを理解していこう。

人生レベル1——鳥かごの中の人生

過去や他人の期待にとらわれて生きている人たちがいる。

こういった人は、未知の世界に乗り出そうとはせず、自分や他人が定めた境界線を打ち破ろうともしない。他人や過去に支配されているので、自分にさまざまな道が開かれているとは考えていない。

したがって、人生経験も思考も感情も行動もかぎられたものになってしまう。自分をかごの鳥のようだと思い、過去に縛られ、昨日の結果に支配され、自分自身を失望させることを恐れている。自分はこんなふうに生きるしかない、あるいは、期待や思い込みを押しつけられていると感じている人が多い。

人は生まれたときから、アメとムチによって他人の期待に沿うよう生きている。その結果、見返りがもらえるような行動や欲求を作り変えることを覚え、やがてはそれを当たり前のこととして受け入れるようになる。

私のクライアントだったモリアがちょうどこれに当てはまる――人の承認と愛を得たいという気持ちから逃れられないでいたのだ。コーチングを始めた頃、モリアはいつも不満を並べていた。

「誰も私のことをわかってくれないし、わかろうともしない。私はみんなの期待通りの私、イメージ通りの私でいなくちゃいけないの……」

こういって、鳥かごから顔を出して自分がどんな人間か、人生で何を求めているかを考えることはなかった。両親の望む学校に進み、友人がぴったりだという仕事に就き、ボーイフレンドがずっと住みたいと思っていた町に引っ越した（口には出さなかったが、彼女はその町が嫌いだった）。

人の期待通りに話をし、行動を取り、冒険はけっしてしない。彼女は失敗や他人の評価を恐れ、他人の望みを実現するばかりで、鏡を覗いて自分の本当に欲しいものを問う勇気を持たなかった。

これでは、服従の人生である。こんな状態に置かれると自分に自信を持つなんて到底できない。

多くの人がモリアのように鳥かごに閉じ込められ、他人にコントロールされているようで、何とかしてそこから抜け出したいとは思っている。しかし、うまく抜け出る人は少ない。

鳥かごを脱出する道は2つしかない。

まず、偶然か運命のいたずらか、人生がひっくり返り、ぬるま湯のような現実が打ち砕かれて鳥かごが壊れたとき。

そしてもう1つは、**はっきりとした意志によるもの**（大きな努力が必要だが）だ。

人は、もっと別の生き方があることを知ったときに道が開ける。どんな自分になるのか、どんな生き方をするのかを意識的に選択し、その実現に向けて、思考と行動を常に目標に合わせていけば脱出は可能になるというのに……。

▼人生レベル2――適度な環境に生きる人生

多くの人は、実際に鳥かごの中の人生のような悲惨な生活はしていない。

仕事や努力に合った恵まれた環境のおかげで、適度な人生を送っている。

そうした人たちは、独立、チャンス、自由を手に入れ、家や車もあれば、パートナーや子どももいる。前向きな生き方をし、そんな人生に感謝している人たちだ。

少しばかりの代償は払ったが、それは承知のうえ、あまり大きな冒険はせず、少しの残業をする。友人や同僚も似たような道を歩き、幸せそうにしている。

ところがある日、誰かに「どう、うまくやってる？」と聞かれ、自分の返事に自分で驚く。「ええ、まあ……なんとか」――そして、疑いの心が生まれる。

これは本当に私が欲しかったものなのか？
これですべてなのか？
あまりにも多くの代償を払ったのではないか？
私は自分の人生を生きているのか、他人の人生を生きているのか？
私はもっと創造的、魅力的で、大きな志を持った面白い人間ではなかったのか？

そう考えていると今度は脳がこんなことを言い出す。

自分がどんなに幸せ者かわかっているのか？
もっと感謝すべきだ。これでも満足できないというのか？

こうして、鳥かごに入れられたというよりは、型にはめられてしまったという思いを持ち始める。

だが、誤解しないでほしい。それでも人生は快適なはずで、大きな可能性の扉がすぐそこに開いているからだ。

しかし、自分自身の心は落ち着かない。人生は無意味なのではなく不可解に思えてくる。

どうして私はこんなところへ来てしまったのか？

私の野心、意欲、興奮はどこに消えてしまったのか？

鳥かごの中の人生を送る人にとって、世界は恐ろしい場所である。一方で、適度な環境に生きる人には、世界は面白味を失った場所に感じられる。

この〝快適組〟は声を上げ、メッセージを伝え、その内容に自信を持っている。しかし、今になってみれば、あれは自分の本当の思いだったのだろうかと思えてくる。

とはいえ、この2つの人生には明白な類似点がある。

人生レベル1の「鳥かごの中の人生」も、成功にとらわれてしまった人生レベル2「適度な環境に生きる人生」も、**生気、変化、創造性、自由、つながりを手にしたい**と思っているのだ。つまり、もっと満たされた人生を求めているのだ。

人生レベル3——満たされた人生

鳥かごの中で生きている人は、自分自身にこう尋ねる。

「私は何とか生きていけるだろうか？」

つまり、彼らは自分が安全か、傷つかないかということが何より重大なのだ。

適度な環境に生きている人は、自分自身にこう尋ねる。

「私は受け入れられるだろうか？　成功するだろうか？」

つまり、重要なのは帰属意識や充足感である。

では、満たされた人生を生きている人は、自分自身に対してどんなことを考えているのか。

「私は望み通りの人生を送り、持てる力を十分発揮しているだろうか？」

「やる気に満ちた人生を送り、他人にもやる気を吹き込んでいるだろうか？」


満たされた人生を生きている人たちにとって、世界は魔法のように、成長と進歩の可能性に満ちたワクワクする場所である。

成功にとらわれて何かに夢中になれなくなったり落ち着きを失ったりはしない。成長や進歩するとはどういう意味か、自分自身の定義を持っている。自分の望み通りの人生を存分に生き、他人の人生をうらやんだり、追い求めたりはしない。

猛スピードで前進するときも減速して景色を楽しむときも、絶えずアクセルの踏み加減を微調整し、意識してコントロールすることを楽しむ。決まったことの繰り返しはせず、スキルやノウハウにこだわることもない。

自分の能力を限界まで働かさなければならない挑戦を渇望《かつぼう》し、自分の長所や強みに頼ったりしない。しかも、重要なのは世界に貢献するという高い志であり、その達成に全力を傾ける。

波風を立てても気にしない。気がかりなのは正しいこと、意味のある行動をしているかどうか。その過程で他人の感情を傷つけたりすることがあれば誠心誠意対応する。

それでも歩みを止めることはない。

そう、**彼らは今を生きている**のだ。

こう書くと、満たされた人生を生きる人は、すべての障害を乗り越えた、すごい存在のように思えてくる。しかし、そうではない。

自分が完成された人間ではないことを認識し、楽しみながら自分を作り上げ、自分の現実を変えていこうとしているのだ。

満たされた人生を生きている人は、変化や成長のチャンスを待っている。世界への貢献を目指す彼らの信条はこうだ。

世界が自分のために何をしてくれるかではなく、自分が世界のために何ができるのか考えよう。

しかし、彼らも最初は、鳥かごの中の人生、適度な環境に生きる人生を歩んでいたのだ。満たされた人生を生きている人も、初めは従順に従い、やがて主張を始めるが協力や妥協もし、最後は選択、使命、成熟へと至って自由、表現、貢献を強く求めるようになった。つまり、やるべきことをやり、人として成長し、世間にも認められる生き方ができるようになったあとで、満たされた人生があなたに呼びかけてくる。すると、心がザワザワし始め、意識が変わり、冒険と意義を求めて歩み出すことになるのだ。

満たされた人生を生きる人とは？

満たされた人生を生き始めると、自信にあふれ、心が晴れやかで、いつもエネルギーに満ちているのがわかるだろう。活力がみなぎり、仕事に没頭し、人生や未来に対する思いはとても熱い。

誰もがそんな生き方をできるわけではないという人がいるだろう。しかし、本当にそうだろうか。

私は、満たされた人生を生きている人を「充実している人」と呼んでいる。充実している人は生まれつき何かの才能が備わっているわけではなく、あなたや私と同じような人たちだ。

彼らがとても魅力的で大きな力を持っているのは、けっして恐れや人生のマイナス面にとらわれないからではない。違う点は、どんな状況に置かれようと活力に満ち、熱意と情熱にあふれているからだ。

しかし、これはたやすいことではない。彼らは常に自分の態度や状況に意識を向けるよう努めているし、そのエネルギーレベルを保つために努力し、また、そうしなければならないことを知っているだけだ。

つまり、自分の内的、外的状態に細心の注意を払い、人が手にできる能力を、努力して獲得していっているのだ。

満たされた人生を生きている人には、次の7つの特性が見られる。

1．先入観を持たず、じっくり観察する

過去の情報はあるが、それにとらわれることはない。現状を認識して受け入れる。好奇

心、自主性、柔軟性を発揮しながら自分の周りの世界と関わっていく。物事の意味を急いで判断することはせず、思い込んだりしない。忍耐強く寛大で、受容性に富み、状況を創造的に理解する。そして、今とじっくり向き合う。

2．未来志向である

大きなビジョンと願望を持っている。彼らが描く構想は実に詳細で、実現に向けて積極的に取り組んでいく。未来に対して楽観的で、望み通りの未来を引き寄せる。自分の思い描く未来に心を躍らせ、夢を現実に変える力が自分にはあると信じている。今ある問題も解決できると考え、問題を解決して未来の世界をよりよいものにするために努力を重ねていく。

3．挑戦を求める

新たな挑戦に大きな喜びを覚える。能力を十分発揮して自己表現、自己実現をしたいという思いを持ち、それには挑戦が必要なことを知っている。そして、どんな挑戦も受けて立つ用意ができている。成長という不確かなプロセスの中でも楽しみ、遊び心を発揮する。

4．人に関心があり、本物の関係を築く

人が大好きで強い関心と敬意を抱いている。人が語る夢や恐れ、日々の生活にじっくりと耳を傾ける。人にしっかりと意識を向け、コミュニケーションを図り、友人や家族と深い関係を築く。よく考えて人と話をし、うわべだけのつき合いはしない。人とつながり、学び、成長し、自分自身の一部を分かち合うチャンスととらえている。つまり、人生を楽しむうえで人間関係はとても重要と考えている。

5．独立独歩である

とても独立心が強く才覚がある。我が道を行き、進路を変えることは望まない。自分の価値観を曲げてまで周りの人すべてを幸せにする責任はないと考えている。頑固、利己的な一匹狼と見られることも多いが、自分で進路を定め、新しいアイデアを試し、失敗もし、自分で解決策を見つけながら旅を続けていく。

6．創造性を重視する

自由な表現を大事にしている。仕事やキャリア、プロジェクト、目標、チャンスに対して、創造性、表現力を発揮できるかどうかを考えている。自分の創造的な面を積極的に働かせ、自分らしくどう表現するかを考える。自分のスタイルを堂々と示し、自分の成果を

人と分かち合うことに誇りを持っている。

7. 意義を大切にする

1日1日の意義を大切にし、人生でも意味のある時間を作り出したいと願っている。全体像をしっかりととらえ、自分の情熱や人生の目的に結びついた価値ある目標を達成するために努力する。常にどんな意味を持つのかを考え、人生における苦労も成功も肯定的に解釈する。人と一緒に意味のある時間や思い出を作ることを心がけ、贈り物やユニークな体験、あるいは愛情や賞賛、感謝を表す心のこもった言葉で人を驚かせる。

先ほども述べたように、満たされた人生を生きている人の多くは、かつては鳥かごの中の人生、あるいは適度な環境に生きる人生を送っていた人たちだ。

彼らは自分を変えると決めたとき人生も変わった。そして、もっと自信に満ちた生き生きとした人生を送りたいと考え、その望みを叶えるために努力したのだ。

満たされた人生を送ることは、あなたにだってできる――意識的にそれを選択することと一貫した行動によって可能になるのだ。

しかし、いったいどこから始めればよいのだろうか。

満たされた人生のための「10の行動意欲」

理想的な人生を築き上げるには何に注意を払えばよいのだろうか。

少し考えてみよう。

人生の最高の瞬間には火花が飛び散る。あなたにもその感覚を味わった経験があるはずだ。

では、なぜあのとき火花が飛び散ったのか？　生きていることをあれほど強く実感したのはなぜなのか？　どうすればあの感覚を毎日味わうことができるのか？　そして、あの火花を魂の中で燃え続ける永遠の炎に変えるにはどうすればよいのか？

栄養ドリンクを飲むと元気になるが、あなたも知っての通り、効き目は長持ちしない。満たされた人生を築くには、心の奥底を見つめ、あなたを人間らしい姿に変えてくれる行動意欲に働きかける必要がある。

私は研究やコーチングを通じてそれを明らかにしようとしてきた。私の作った「10の行動意欲」というモデルは、多くの人が人生を根本的、戦略的に変えるのに役立ってきた。このモデルは過去50年間、私たちが人として抱いていた「人間的な意欲」に働きかけ、すっかり様変わりした世界で幸福感や活力を得ることを目指している。

なので、この人間的な意欲とは何であるかを明確にしておきたい。

人間的な意欲とは、必要性ではなく「欲しいという気持ち」と結びついた心理的なモチベーションである。しかし、このモデルの中にある要素はどれも必ずしも必要で手に入れなければならないものではない。

私のいう「意欲」とは、物理的、心理的なものとは関係がない。実際、生きるうえで必要なごくかぎられたもの——食糧や水、睡眠、厳しい自然から身を守る手段、出生時のケア——を除くと、本当に必要なものはないと私は考えている。

成長や自己実現が人には必要だという意見もある。では、家でゴロゴロするばかりで世の中に出ていこうとしない、私の隣人の35歳の息子はどうなのか。

また、道徳心、愛、自尊心、敬意、信念なども本当に必要かというとそうではない。つまり、人間的な意欲とは**「人生を高める、強い、重要な意欲」**である。

ではその1つ、人生をコントロールしたいという行動意欲を例に取ってみよう。

当然、誰もがもっと多くのものをコントロールできるようになりたいと思っている。そうなれば幸福度も高まると信じているからだ。

しかし、それが果たせなかったからといって自制心を失い、何かに取り組む、役割を果たす、生産的に働くといったことができなくなるわけではない。

たとえば、自由な表現（これもモデルの中に入っている）も誰もが望んでいるものだが、それがなくても生きていける。

コントロールや自由な表現は、私たちが欲しているもので、生きるために必要なものではない。

このように、「10の行動意欲」すべては、必ずしも絶対に必要ではないのだ。

今この瞬間、それ以上のものを望まずに幸せになることだってできる。目を閉じて安らかな気持ちになればよい。それがもともと持っている人間の心のパワーというものだからだ。

しかし、1つ問題がある。その幸せは永遠には続かないのだ。

「10の行動意欲」とは、人が人生で本当に手に入れたいと願っているもので、この行動意欲を働かせる努力をしていくと、活力、熱意、情熱――つまり、幸福レベルが驚くほど高まると私は考えている。

本書の第1部では、人の行動の動機づけとなる5つの「基本的な行動意欲」――**コントロール、能力、一致、思いやり、つながり**――についてお話しする。これらは安定した自己認識と帰属意識を持つのに役立つ中核的意欲である。

この5つをすべて働かせ、いつも前向きな気持ちでいられるようになると、一気に安心感が高まり社会とのつながりを実感できる。

しかし、この5つでは十分とはいえない。5つの基本的な行動意欲を働かせるのは、現代社会における基本的ニーズを満たすようなもの。スタートラインに立ったにすぎず、これで満足するわけにはいかない。

基本は必要だが、これでは試合に出場しただけ。ホームランが出るのはこれからだ。それには第2部でお話しする、5つの「前進するための行動意欲」――**変化、挑戦、自由な表現、貢献、意識**――が必要である。

この5つの行動意欲をさらに働かせると、幸福レベルが大いに高まる。「前進するための行動意欲」のほうが、「基本的な行動意欲」より高いレベルにあるが、「10の行動意欲」はどれもきわめて重要である。1つでも放置しておくと、幸福レベルの方程式は崩れてしまう。

1つの章で1つの行動意欲についてお話しするが、どれも実践レベルで書いている。それぞれの行動意欲についてどう考えるべきかをさまざまな視点から論じ、最後にその行動意欲をかき立てるための戦略を3つ紹介する。

「10の行動意欲」と、それぞれに「3つの戦略」がある。

つまり戦略は全部で30ある。すべての戦略をいっせいに実践する必要はない。1つずつ試して、人生にどう作用するか確かめるといい。

各章の終わりには「満たされた人生にするためのポイント」という課題を用意した。各章の内容について考えたあとで、時間のあるときにぜひ取り組んでほしい。どれも重要なポイントで、さらに考えを深めることができるだろう。

私が文章の初めの部分を書くので、あなたにそのあとの文章を完成させていただきたい。また、本書を読み進みながら日記にその文を書いていくことをお勧めする。各章で学んだことについて考え、まとめるのに役立つだろう。

◆満たされた人生にするためのポイント◆

1．最近、かごの鳥になったような気がしたり、人生が適度に快適だと感じたりしたことがあるとすれば、その理由はおそらく……

2．満たされた人生を自分のものにするために、私がしなければならないのは……

3．満たされた人生を生きる人の特性——先入観を持たずじっくり観察する、未来志向、挑戦を求める、人への関心が強い、独立独歩、創造性を重視する、意義を大切にする——の中で、私がうまく伸ばせそうな部分は……

第1部

5つの基本的な行動意欲

～コントロール、能力、一致、思いやり、つながり

第2章

コントロールすることに対する行動意欲

「この世のどこを探しても見つからない安定は、自分の中で創造しなければならない」
——ナサニエル・ブランデン

▼父親の死から学んだこと

私の父メル・バーチャードは、２００９年５月10日の母の日に、急性骨髄性白血病と診断された。

あまりにも突然だった。その前の週には、ゴルフやラケットボールをしていたというのに。

医者は、回復の見込みは５パーセントだといった。どの医者も、これまで見たことのない最悪のケースだと語った。

父は、たぐいまれな人だった。面白く、常に支えてくれ、強く、愛情豊かな人だった。父が人生を通じて私たち子どもに伝えてくれたのは、まさに彼自身の姿だった。

「自分自身でいなさい。正直でいなさい。最善をつくしなさい。善き市民でありなさい。

人には敬意を持って接しなさい。夢を追いかけなさい……」

また、他人につくす姿からもそれは明白だった。

ベトナムでの3度の駐在を含め海兵隊に20年間所属し、モンタナ州職員として20年間勤務し、母と34年を共に過ごし、立派な人として69年生きた。

父の日の翌日、私たちは父の2度目の抗ガン剤治療は効果がなかったと知らされた。ガンが父の身体を侵していた。父はガンの転移を理解し、それについて心を乱すことはなかった。父が生きられる期間はわずか数週間しかなかった。自宅に戻り、ホスピスケアを受けながら、家族に囲まれ、看病されることを選んだ。

父が退院する際、看護師の誰もが泣いた。なぜなら、父のユーモアや人生に起こった出来事について聞かせてくれる話を、彼らはとても喜んでいたからだった。父はどこへ行っても、あらゆる人を敬い、気の利いたジョークをいった。どこでも友情の絆《きずな》を深め、誰もが彼を愛した。

帰宅した短い間に、父はあらゆる思いを言葉と行動に出しつくした。

近親者が自宅に集まった。母、私の兄弟ブライアンとデイヴィッド、妹ヘレン、ヘレンの夫アダム、そして私の妻デニスだ。

父と共に過ごす時間を持てたのは、幸運だった。私たち家族が父をどれほど誇りに思っているかということ、父の人生は素晴らしいものだったこと、母の面倒をきちんと見ること、父の価値観や精神は私たち全員の中で生き続けることなどを伝えることができた。

こうしたことは、父にとって重要だった。父が亡くなる2日前まで、父は私たちに母の面倒を見るようにと何度もいった。

自分の父が弱っていく様を見るのは、つらいものだ。私にしてみれば、これまでの人生で最悪の出来事だったし、どうすることもできない事実がたまらなく嫌だった。

しかし父は、気品と強さでそれに直面した。看病をする私たちに、父は感謝の思いを忘れず、愛情深かった。残された時間が短いと知りつつ、私たちに愛情を注ぎ、来るべき死に対しても心穏やかだった。

父は、深夜0時の少し前に亡くなった。平穏に、痛みもなく逝った。

父の右手を私が、左手を兄のブライアンが握り、母と妹がベッド脇で見守る中で、父は亡くなった。父がそう望んだように、自宅で、家族に囲まれながら――。

父が亡くなる数週間前の週末、私はセミナーを開催していた。約400名が、セミナーに参加するために世界中から駆けつけていた。

そのとき、私はサンフランシスコにいた。父はネバダにいた。そこは、父と母のための別荘で、具合が悪くなった場所でもあった。

セミナーの前夜、父が私に電話をくれた。余命わずか数週間と医師にいわれたと……。

父はそれを大げさにいって、セミナーをキャンセルするなと伝えてきた。私がセミナーをキャンセルして、父のもとに駆けつけるだろうとわかっていたからだ。

翌日の晩、ステージ上で9時間のセミナーをこなしたあと、私は父に電話をかけた。話しているうちに、私が父にインタビューを行うというアイデアが浮かんだ。父の人生についてさまざまな質問をし、会話を録音して、あとで家族と共有するのだ。

父が私たち子どもに伝えたメッセージで私が特に気に入ったものは、「常に母や兄弟姉妹を愛し、自分自身を信じ、あなたたちよりも恵まれない人たちに手を差し伸べ、そして、臆せずに助けや愛を求めなさい。憐《あわれ》み深い人であるよう心がけ、最善をつくしなさい」という言葉だった。

インタビューからは、父について非常に多くを学んだ。

父の人生に関する驚くような打ち明け話はなかった。ただ、父の語りぶりや生き方からそれがわかった。父は非常に寛容かつ楽観的で、自分の力ではコントロールできないものを、選択と意志の力という方法で乗り越える意欲を持っていた。

父はガンに果敢に立ち向かった。亡くなる最後の週、翌週まで生き長らえられないことを父は受け入れ、恐れを手放したようだった。

けっして不満を口にはしなかった。痛みも病人用の便器も、また、止まらない鼻血や注射、シーツ交換のための寝返りなど、父はただ受け入れた。おそらく人生で最も恐ろしい死という変化に、愛と品格を持って向き合うことを選んだ。

自分にはコントロールできない状況下で、父はそれでも、それが意味するところを自分なりに明らかにしようと、自身が持つ人格を最後まで駆使した。


父がどれほど素晴らしい人だったかを簡潔にうまく表現しつつ、コントロールや人生に関する洞察を読者に伝えようとするのは、正直難しい。

死はコントロールできないものであるというのは、あまりにも控えめすぎる表現だ。

しかし、望んでもいなくても、死は必ず訪れる。

もがくような苦しみのさなかで、たとえそれが最後の戦いであろうが、意志さえあれば、この世に立ち向かうことができ、自分がした経験に意味を見いだすことができる。

死というコントロール不可能な状況であるからこそ、自分がいかに素晴らしい人間でいられるかの模範を示せるのだ。


あなたに自信にあふれた満たされた人生を歩んでいただくのに、死にまつわる話で始めるのは奇妙だと思われるかもしれない。

Golden Life Program 2015 Mission

Golden Life Programのミッションは、世界最高峰の講師陣から直接学べる環境を提供することで、多くの日本人が“自分らしい幸せな人生”を送るきっかけを作ることです。日本は現在、先進国の中で最も幸福度が低いという事実をご存じですか?

そんな、幸せになり辛い環境の中で、私たちは知らず知らずの内に、幸せを遠ざける常識を刷り込まれているのです。

この“幸せを遠ざける思考の枠組み”を外す最も簡単な方法が、世界的な講師から直接学ぶことでした。一般的な常識とは無縁の、“英雄の常識”を学ぶことで、あなたはまったく新しい思考の枠組みを手に入れられるでしょう。

Golden Life Program 2015 の3つの特徴

1 “作家の王様”ジャック・キャンフィールドついに来日!

全世界で1億3000万部突破という伝説的な記録を生んだ『心のチキンスープ』シリーズの共著者、“作家の王様”ジャック・キャンフィールドが初来日します。年収80万円という貧乏生活から、どうして伝説として語り継がれるほどの作家になれたのか。すべての秘密をプログラムの中で公開します。

2 『ザ・シークレット』登場メンターが直接引き寄せを指南!

日本で住んでいる限り、全世界2000万部突破の『ザ・シークレット』に登場するような講師から“ホンモノの引き寄せの法則”を学ぶ機会はほとんどありません。今回は、『ザ・シークレット』登場講師の中でも超大物の2人が登壇! 二度とありえない特別な機会です。

3 驚くほどの変化の声が続出!

昨年『Golden Life Program 2014』では参加者のほとんどが驚くほどの変化を遂げました。「月収が3倍になった!」「プログラムで出会ったメンバーと起業した!」「3ヶ月以内で結婚がきまった!」などなど。こういった目に見えた変化を得られるのも、『Golden Life Program』の魅力の1つです。

さらなる詳細は裏面に記載のURLからご確認ください!▶

しかし、あなたには私を知ってほしいし、人生のすべてをコントロールできるわけではないという真実から始めたいと思ったのである。

また、そもそも人生をコントロールしようとするべきでないのだ。実のところ、人が人生で感じる苦難のほとんどは、コントロールできないか、取るに足りないような些細なものをコントロールしようとすることに端を発している。

天気や経済はコントロールできない。他人もコントロールできない。もう気づいているだろうが、私たちは、自分の性格、行動、貢献といったものの「質」だけをコントロールできるにすぎないのだ。

その中で、私たちはコントロールが可能で、人生という旅を素晴らしいものにする要素が何であるかを学ぶべきである。

さて、ここでクイズから始めよう。10点満点で、完全にコントロールできている状態を10点として採点してみてほしい。

・今、自分の人生をどれくらいコントロールしていると感じるだろうか？
・自分の心、感情、経験はどのくらいコントロールしていると感じるだろうか？
・自分の身辺に関しては、どのくらいコントロールしていると感じるだろうか？

私たちは、少しでも多くをコントロールしようとしながら人生を過ごしていることは間違いないが、ここでコントロールしようとしているのは、具体的にいったい何かを考えてみてほしい。

簡単にいえば、誰もが追い求めているのは、内なる世界と外の世界をコントロールしているという感覚だ。私たちは、意識的に経験するものや、考え、感情、行動をコントロールしたい、外側の世界で得られる結果やそこで持つ人間関係をコントロールしたいのだ。

人生経験全体を統制し、そして人生経験全体に影響を与えたいというこの欲求は、人間が持つコントロールへの行動意欲に他ならない。

しかし、度をすぎたコントロールは、柔軟性を欠き、融通が利かなくなってしまう。あらゆることは計画した通りに運ぶものと期待し始め、予期しなかった出来事を受け入れ適応する能力を失ってしまうからだ。そして、まるで取りつかれたかのように、管理された習慣、管理された人間関係、管理された環境へと自分自身を押し込めてしまう。

その一方で、もし人生をコントロールできなければ、人生とはまるで恐ろしいもののように感じかねない。

これではあまりにも窮屈すぎるし、より柔軟で自由な人生の多様性、色彩、喜びを経験することができなくなってしまう。

とはいえ、コントロールがないということは、選択肢がない、意志の力を使わないということと同じで、そのため私たちは無力になってしまう可能性があり、人生のさまざまな局面でさまざまなレベルのコントロールが必要なのだ。

私は、コントロールへの行動意欲に光を当てた、非常に元気で、熱心な気分にさせてくれる特定の実践方法が3つあると気づいた。

人生で何かをコントロールするなら、次の3つの分野に意識を向けるべきだ。

実践方法1——未来への展望や自分の人格をコントロールする

人生に起こる出来事や経験のほとんどは予期せぬことで、偶発的であるか、もしくは、いってみれば運命づけられているものである。

しかし、最終的な反応——起こった出来事にあなた自身がどういう意味を与えるか——は、あなたは100パーセント、コントロールできる。その能力は、満たされた人生を構築するのに最強のツールである。

人生のコントロールに影響を与えるのは、未来への展望である。それはつまり、人生に起こる出来事や将来に対し、どのような意味づけをするかだ。

しかし、これは想像するより難しい。なぜなら、自分自身や他者、そして世の中に対してあなたが持つ展望を、自分が監視し監督しなければならないからだ。

現代のメディア主導型の世界を考えてみるとよい。平均的なアメリカ人は、テレビを1日4時間見て過ごすが、そのほとんどはただ延々と貧富の差や暴力シーン、自己中心主義で貪欲《どんよく》な情報を流し続ける。さらに悪いことに、何の人生の足しにもならないウェブサイトを数時間見て過ごす。

だからこそ、世の中の良識的でポジティブな見解を維持するためには、取り入れる情報に気をつけることが重要なのだ。

もう1つ、コントロールすべきものは、出来事や入ってくる情報を、私たちの自己概念——私たちの人格（アイデンティティ）にどう関連づけるかだ。

鳥かごの中の人生を送っている人は多くの場合、入ってくるネガティブな情報や人生経験を自分たちが悪い、または価値のない人間である証拠だと受け止める。適度な環境に生きている人は自分たちでは十分ではない、または人生に問題が起こらないように個人的に防止するべきだと思っている。

しかし、満たされた人生を送っている人たちは、情報は単にそのまま情報として受け止める。誰かがネガティブなことをいったからとか、世の中にネガティブなことが起こったからといって、ネガティブな感情や批判を自分とは結びつけない。

自分の人格を守りつつ、ときには混沌《こんとん》として不安定な世の中が、世界がどれほど不思議な魅力にあふれているかということを実感するのだ。

あなたの未来への展望を方向づける、この内なる力は、あなたの人格作りを決定づける力と同じものだ。人生で最も大切な行動の1つは、**自分がなろうとする姿を毎日コントロールしようと決意する**ことだ。

今日から、あらゆる状況において可能なかぎり最高の自分として生きる決意で取り組もう。自分が何者であるかを誇りに思い、他人があなたをロールモデルとして見るように、自分の人格の強みを発揮するのだ。

人生のすべてをコントロールできるわけではない。しかし、自分が何者か、他人をどう扱うか、行動の動機は何かなど、自分をコントロールすることはできる。自分の人格を毎日、出来事や人間関係においてコントロールすることが、あなたが生きる人生の質や遺産を形作るのだ。

私の父がガンと戦っていた頃、彼がいかに力強く、自分に誠実で、品格を持って試練に直面できるかをありありと示してくれた。父の人格や、死の瞬間まで善き人間であろうという父の決意が、今日に至るまで私や家族にインスピレーションを与え続けている。

また単に人格が、自分が何者であるとか、自分の信念が何であるかというだけでなく、世の中に対して行動で示すものであると、私に思い出させてくれた。

意志だけでは十分ではない。行動が真実の姿を定義するのだ。

あなたが自分の行動を変え、最高の人格を示すまで、あなたの人生は何も変わらない。だから、次の質問を自分自身に投げかけてほしい。

「私の行動は、私がこうありたいと思い、ありたいと思った人格を反映しているだろうか？」

あるイベントで、非常に幸福感に満ちた90歳の女性に会った出来事を思い出す。彼女が2時間にわたって小学生のグループを相手にうれしそうに働く姿を見たとき、彼女のはっきりした人格が醸し出されていたのだ。

私は彼女に次のように聞いた。

「なぜそんなに元気なんですか？　どうしたら子どもたちに、それほどまでに素晴らしい影響力を持てるのですか？」

「ブレンドン。人生でいつも欲しいと思っているあらゆるエネルギーや影響力は、たった1つのことにコントロールされているのよ。最高の自分として意図的に行動を起こしているか否か。人格から流れ出る部分は、気品であり、愛であり、その部分に幸せや意味が見つけられるのよ」

実践方法2——新しいものをコントロールする

パウロ・コエーリョという友人がいる。彼は、『アルケミスト』『11分間』『ヴァルキリーズ』（すべて、角川文庫刊）などの世界的なベストセラーを出している人気作家だ。

彼の人生をはたから見たら、すべてを手に入れたかのように思えるだろう。

世界中の誰もが彼を知っていて、世界を股にかけ、フランス、スイス、ブラジルにある自宅を飛行機で飛び回る。仕事では5億人以上の人生に影響を与え、ネットでは９００万人以上のフォロワーが彼の一字一句を読んでいる。

各国の大統領や指導者が、彼の貢献を認め、彼らがいる首都まで会いに来てほしいと依頼してきた。健康も良好で、彼が心の底から運命の人だと信じている女性と結婚して30年以上にもなる。非常にスピリチュアルで従順な男であり、彼を裕福にし、誰からも愛されるようにしたのは、まさに彼自身の自己発見の旅や人生が持つ意味の探求だった。

しかしそんな彼が、ゆっくりだが驚くほど惨めになってしまった。

私が彼の65歳の誕生日に話したときには、これ以上ないほど恵まれた人生だと感じているのが私に伝わってきた。愛、安全、尊敬、豊かさ、そして創造的で意義のある仕事。誰もが欲しがるすべてを手にしていることを、彼は本当に光栄だと思っていたのだ。

では、彼がそこまで満たされない思いになってしまうほどに、いったい何が頭の中で起こっていたのだろうか？

この答えを見つけるためのアプローチは、彼と私では異なっていた。彼はスピリチュアルの視点から、私はハイパフォーマンスの視点からだった。それでも、私たちはまったく同じ結論に到達した。

パウロには、もっと新しいものが人生に必要だったのだ。

彼は世界中を旅したが、それはすべてが計画され、新しい挑戦や機会がほとんどなかった。安全な場所から次の安全な場所へ移動したにすぎなかった。

彼の日常は、スピリチュアルな轍《わだち》に深くはまってしまっていたのだ。

結果的には、彼を大陸横断の旅へと連れ出した。彼がずっと探し求めていたものを見つける冒険だった。

この話の続きは彼の著書に譲るとして、最終的に彼が人生にやる気を取り戻したのは、自分自身と世界をこれまでとは違った方法で探すことだったのだ。

それは、**「新しいものをコントロールする」**ことである。

私が「新しいもののコントロール」と呼ぶこのシンプルな行動は、何を食べるか、いつエクササイズをするか、目標をどう達成するかなどを計画する際に、できるだけ多くの時間をかけて、新しい経験を人生に取り入れるよう戦略的に計画するべきだというものだ。人生における退屈、憂うつ、惨めさ、感情的不安感は、「新しいものをコントロール」というコンセプトによって改善できる。これは最近の神経科学の発展により、その理由が証明されている。

脳は、何か新しいものや難しいことが起こると、より活性化する。ドーパミンを放出させ、脳が「これを解いてみよう」というモードにさせるのだ。

いい換えれば、あなたがコントロールしようとする中で最も重要なものの1つは、新しいものを取り入れないと、脳は退屈し、大きな反動になって返ってくるということだ。パウロのようにすべてを手に入れていようと、新しいものなくしては、人生は十分とはいえないのだ。

そこで大切なのは、量ではなく質である。満足いくような新しい経験を継続的に人生に取り込むようにするのだ。

人によっては、週に1度は新しいレストランに行くというようなシンプルなものだ。また、新しいスキルを習ったり、新しい人と出会ったりという人もいるだろう。新しいものをコントロールするということは、人生のすべてを徹底的に見直すという意味ではない。

しかし、小さな変化が大きな影響を起こす可能性もあり、それはもしかしたら、満たされた人生に向かう道であなたが必要とするものかもしれないのだ。
新しいものをコントロールするための実践的アイデアは次の通りだ。

1．90日に1度の短期旅行

90日ごとに、自分ひとりまたは配偶者や恋人などと短期旅行に出かける。そう、90日ごとだ。世界一周旅行である必要はない。目的は、どれだけ遠くへ移動するかではなく、どれだけ遠くへ離れるかだ。違いは、リラックスして活性化するために、何キロメートル移動するかではなく、精神的にどれだけ日常の単調さを打ち壊すことができるかだ。

2．食べ歩きまたはディナーパーティー

週に1度、夜のデートは新しいレストランへの遠足にする。あなたが住んでいるのが小さい街であれば、友人を集めて数週間に1度、ディナーパーティーを開催する。目的は、街を歩き回り、それまでになかったディナーの経験だ。

3．ショー、スポーツ、イベントの観覧

多くの人が映画、スポーツ、イベント、演劇を見に行くのが好きな一方で、実際には、めったに足を運ばない。見たり応援したりすることができるものがないか、注意して探す習慣を身につけよう。

4. 冒険旅行

旅は健全な新しいもの、没頭する状態、ワクワク感を人生にもたらす確実な方法の1つだ。努めて貯金や休暇の節約をし、こうした冒険を現実のものとできるようにしよう。新しい場所を訪れるときに注意する主なルールは、何か新しいことをすること。リゾートホテルや宿泊地にただ滞在するのではなく、外に出歩き、冒険を目指そう。

5. 新しい仲間作り

あなたの友人関係や仲間の輪は、あなたの幸せを決定づけるのに（親密な関係以外で）最も重要な外的要因だ。ネットワーキングのイベントや資金集めのためのパーティー、地元のイベントやパフォーマンスなどに顔を出し、仲間の輪の拡大に真剣に取り組もう。ネットワーキングのためだけでなく、友達作りのためにも注意して探してみるといい。

6. スキル作り

新しいスキルを求めるという挑戦は、あなた自身の限界を見きわめるための最も確実な方法の1つだ。学ぶべき何か新しいものを見つけてきて、それを学ぼうとして無残にも失敗するといい。学ぶプロセスを楽しむのだ。より没頭した脳（そして人生）に向かうための最も簡単な道の1つだ。

以上、これらは単なるアイデアだ。私はこれらすべてを実行している。なぜなら、私は行動するためのエネルギーや没頭した状態、熱意を大切に考えているからだ。

多様性は人生のスパイスだ。あなたも間違いなくそれに気づくだろう。

実践方法3――仕事の流れをコントロールする

人生で、どこにもっとコントロールや充足感が欲しいかと尋ねると、ここ数十年でマネジメントやキャリア開発の理論や実践が前進したにもかかわらず、仕事やキャリアが常にリスト上位にくる。

幸せに働き、幸せな職場であるには何が必要か、今や私たちはかつてなかったほど理解している。

しかしそれでも、自分の仕事に積極的に取り組み、楽しんでいると答える人の割合は、世界中で20パーセントに満たない。

組織で働いていれば、どれだけうまくマネジメントされていても、市場で成功していても、仕事をコントロールしたいという思いが強いだろう。

何が起こっているのだろうか。

問題は、効果を上げて成功している仕事にもかかわらず、私たちから知らぬ間に喜びを奪い去ってしまっているという事実を、これまで誰も気づかなかったことだ。

仕事の流れをコントロールすることが、どの仕事をするかをコントロールするかであるならば、最初から最後までしっかりと関われるプロジェクトの数を増やし、質を高めることであると、あなたはわかっている。

つまり、戦略的に何を達成しようとしているかについて、あなたが取り組んでいる主要プロジェクトを大局的に考えることなのだ。

たとえば、1日の仕事をどのようにコントロールするかということも重要になってくる。仕事の集中を邪魔するものにメールがあるが、朝、職場に着いたら受信ボックスを開かずに、あなたが今取りかかっている大きなプロジェクトについて、プロジェクトを結実させるためにあなたが取る必要のある最も大きなアクションを3～5つ書き出す。

次に、今日あなたが手を差し伸べる必要がある人を書き出す。

なぜなら、その人たちからの決定事項か情報をあなたが待っている、またはあなたが決定事項か情報を共有する必要があるからだ。

そして、絶対に達成しようと思う事項について優先順位をつける。

ここまでの作業が終わったら、まずあなたが手を差し伸べる必要がある人に対して行動を起こす。そこで初めて受信ボックスを開く。そして、決定事項または情報をあなたが待っている人からのメールだけ探して、その人たちからの電子メールだけ読んで返信をする。

それが終わったら、あなたが決定事項か情報を共有する必要がある人にメールをする。

これだけで、長くても20~45分以上かかることはないだろう。

さてここが大事な部分だ。それらが終了したら受信ボックスを完全に閉じる。その日の仕事の終わりまで、メールを再び見ることは許されない。絶対に。

そのあとは生産をするのだ。あなたが書き出した優先事項を片っ端から片づけていくのである。これらの項目がすべて終了するまで、メールはチェックしない。優先事項の完了にフォーカスしてほしい。たとえ早めに仕事が終わっても、その日の最後まで受信ボックスを開いてはいけない。

あなたが抱えているプロジェクトをもっと速く効果的に動かすために、今すぐできる作業があるかどうか自問してみるのだ。

これによりあなたは、仕事をコントロールできるようになったという気分になるし、生産性や仕事の喜びを爆発的に上げるのだ。

やる気に満ちた気分にさせるという点で人生をコントロールできるものは、未来への展望や人格のコントロール、新しいもののコントロール、仕事のコントロールだ。

この3つの実践方法は、素晴らしい姿勢を維持し、高潔さを持って生き、世の中の魅力や多様性を経験し、毎日ポジティブで生産的に時間を使う能力を広げるのだ。

◆満たされた人生にするためのポイント◆

1．より高い人格の持ち主として生き、ポジティブな未来への展望を持つなら、私は次のことを始めなければならない。それは……

2. 新しいものをコントロールし、新しさと挑戦を人生に取り入れるために、今すぐにカレンダーに書き入れられる2つの予定は……

3. 自分が関われ、またはすぐに作れるプロジェクトで、私が仕事にもっと意識を注ぎ、最初から最後まで面倒をみられるプロジェクトは……

第3章

能力への行動意欲

「自分を疑う者は、敵の隊列に加わり、自らに武器を向けるようなものだ」
――アレクサンドル・デュマ

▼無力を感じている、ある成功者の告白

「とにかく自分が非常に愚かであると感じるのです。物事をやり遂げる能力がないとか、夢を叶えられないとか……」

私の隣のラウンジチェアに腰かけ、爪をはじいているのは、私が知るかぎりで最も成功した女性の1人だった。

世界中のほとんどの人にとって、スーザンの発言は驚きに思えただろう。アイビー・リーグ所属の名門大で教育を受け、誰もが感心するような免状や証書をいくつも持つ女性だ。彼女は、出世階段をただ登っただけではない。同僚や経営陣を刺激するような熱意と大胆さで駆け上がったのだ。

女性の同僚は彼女をロールモデルとして見ていた。世界中の人たちからなる複数のチー

ムをけん引していた。驚くほどの金持ちで、複数の国に別荘を持っていた。彼女は美しく、応援してくれる、思いやりのあるご主人がいた。

私はスーザンにいくつか質問をすると、すぐに問題の根源がわかった。これまでの1年半、彼女は仕事に行き詰まりを感じており、モチベーションを失い、すぐにあきらめてしまっていた。もはやリスクも取らなかった。

彼女のかかりつけの精神分析医が「パフォーマンス不安」と呼ぶ症状も抱えており、薬を処方してもらっていたが、効いている様子はなかった。

「かつてのようにすぐに学べないような気がするのです。いくつもの成功を収めてしまったので……」

彼女は、打ちひしがれたような口調でいった。

「もっと悪いのは、もはや私は学ぶ自信がないので、大きな挑戦やプロジェクトを受けなくなりました。今では失敗が恐いのです。挑戦しないいい訳を自らしてしまうのです。挑戦しなければ失敗しませんから。私は衰えてしまったのでしょうか？」

私は、スーザンがいかにも気まずそうに話しているのに気づいた。私のアドバイスは、彼女の質問に答えて、すべては大丈夫だと慰めてあげればいいのだ。しかし彼女は、慰めてもらうために私にフィーを払っているわけではない。

「ブレンドン、もしかしたら私は、自分の能力も知性も何もかも使い果たしてしまったのかもしれません。かつては確信を持っていたものだけど、今は無力に感じます。どうしたら自信を取り戻せますか？　私にいったい何が起こったのかしら？　このままではキャリアが台なしになってしまう」

私はコーチとしてのリスクを取った。姿勢を正し、彼女に向かって率直にいった。

「スーザン、私がこれまであなたのようなレベルの人とした会話の中でも、最もばかばかしい内容かもしれない」

彼女は驚きを抑えるようにまばたきをして口を開けたままだった。

「あなたは挑戦する以前に、再びきちんと学べるようになるのを待っているというのですね？　まるでキーを差さずに車が発進するのを待っているようなものです。全部逆ですよ。あなたは能力も知性も使い果たしたわけではありません。なぜなら、それをテストさえもしていませんから」

私は彼女が食ってかかってくるかどうか観察したが、反応がないので続けて話した。

「あなたは自分自身がよくわからなくなったわけですが、それはもはや自分自身でいることをやめてしまったからです。あなたは新しいものを学ぼうと自分をかり立てておらず、それが問題なのです。誰かがムチで叩きながら、あなたは再び学びリスクを取るのに十分なほど有能だといってくれるのを待っているのなら、今から私がいう言葉に耳を傾けてください。少し怖気《おじけ》づき、同時に少し居心地が良くなってしまっただけです。自分の成功が恐くなり、生き生きとさせていた大胆さから一歩離れてしまったのです。でも以前は、その崖《がけ》っぷちを飛び越える勇気があったわけですよね？」

「ええ。でももしかしたら、常に飛び越えたり学んだりすることにあまりにも疲れてしまったのかもしれません」

「もしかしたら私の聞き間違いかもしれませんが、どうやら、今あなたが口にしている不安は、もはや自分が飛び越えたり学んだりしていないように感じるというものですよね。今ここに、選択肢があります。あなたがもはや生きたくない、学びたくないいい訳を考えることができます。または、私があなたを崖っぷちから突き落とすためにさらにムチを打ち、あなたを飛び立たせることもできます。どちらがいいですか？」

彼女はしばらく考えてから答えた。

「自信を取り戻したいのです」

「何もせずに自信を取り戻すのですか？　それとも、自分の能力をいっぱいに使って学び、もっと成長して最高の自分になるために、もう一度危険に立ち向かいますか？」

彼女は満面の笑みで答えた。

「かかっていらっしゃい」

彼女の目がすべてを物語っていた。

彼女は能力もキャリアも申し分ない人間だ。しかしあらゆる人――例外なく私たちの誰も――が能力がないと感じ、行き詰まりを感じている。

スーザンのような話は、よく耳にする。人生のどこかの時点で、私たちは誰もが、彼女が感じたのと同じものを感じる。それは、能力への行動意欲が私たちをかき立てるからだ。

能力があって手腕があると感じるとき、世界は私たちのものとなる。私たちは果敢に未知の世界へと足を踏み出し、すぐに順応して学び、恐れを克服し、難問に立ち向かい、自信、成功、スキルの高まりを経験する。コーチングの世界においては、「能力と自信のループ」と呼んでいる。

つまり、能力が高ければ高いほど、新しいものを試したり新しくて大きな困難に立ち向かったりする際に自信を感じるのだ。

しかし、私たちが内に秘める能力を疑い始めたとたん、敗北したような気分を感じ始める。自分の能力、知性、強さの将来すべてに、疑問を持ち始める。

自分が力不足だと感じるとき、不安、怒り、失望、絶望、失敗に対する恐れなどという不快な感情が当たり前のものとなる。自分は無能だという感情は破滅的だ。努力、学び、成長、貢献しようとするのをやめてしまう。衝動的に自分を他人と比較し、自分は彼らには及ばないと感じる。そして、人生に対するやる気をすべて失ってしまう可能性もある。

アメリカでは学生の試験の成績が下がり続け、大学に進学した学生の約半数は卒業できない。企業では、社員に必要なスキルや能力を教育する人事部がありながら、ほとんどの人は、心配することが「新たな標準」になってしまった。ここ数年で、すべての企業や機関が、その経営陣側の能力の欠如としか表現できない理由で、疲弊《ひへい》してしまっている。

何が起こっているのだろうか。

これを理解するために、能力についてもっと具体的に定義してみよう。そして、社会が、能力をもっと手に入れようという私たちの邪魔をするのか見てみよう。

個人の能力は、世の中を理解し、うまく実行し、きわめる能力であると大まかに説明できる。

理解する。実行する。きわめる。

人生の難題や機会に直面したときに、これら3つができるという自信があれば、自分は能力があると感じられるだろう。目の前にある作業をやり遂げ、成功を収めるために自分のノウハウやスキルを十分に使うことができると感じるのだ。

しかし現在、すべての人にとって職場や日常における難題は、現代の変化のペースだ。あまりにも多くの人たちが、自分の役割が絶えず変化するのを目にしており、自分のいるべきところがどこなのか理解するのは難しくなっている。

なんとかするために、これまでよりもっと速く、もっと多くを学ぶ必要があると……。

しかし、プロジェクトやアウトソースがますます一般的になると、私たちは誰もが自分の強みを示さないような作業は他の誰かに任せる。新しい何かを試し、弱点を伸ばし、学んで得るという能力を他人に委《ゆだ》ねてしまう。

これは、大がかりな悲喜劇に向けて仕組まれた罠《わな》なのだ。変化は猛烈なスピードでやってくるが、それでもあなたはけっして迷いを感じたり、注意力が散漫になったりするべきではないと期待されている。

しかしこれは笑いごとではない。能力の欠如はあなたの将来に深刻な損害をもたらしかねない。この能力レベルについて、教育心理学者やヒューマン・パフォーマンスのコーチは以下のように理解している。

1. 能力レベルにより、何に注意を払うのかが決まる

人は、自分に能力がないと感じるとき、問題や衝突、より大きな挑戦や機会などに注意を払わない傾向がある。なぜなら、そうしたものに対処できないと感じるからだ。このようにして、能力の欠如はより大きな遅延や先送りにつながる。

2. 能力レベルにより、どの作業をするのかが決まる

能力と自信があると感じるときは、より難しい作業を喜んで受け入れる。一般的に、仕

事でのより多くの学びや成功につながる。能力がないと感じると、より簡単な作業、安全なほうへと進もうとしてしまう。

3．能力レベルにより、努力レベルが決まる

勤勉な人は、自分の努力でポジティブな結果が出せると信じているので、さらなる努力をする。シンプルに思えるが、自分に能力があると信じていると、より懸命にかつ賢明に働くという研究結果が出ている。

4．能力レベルにより、適応性や弾力性が決まる

自分の能力を信頼している人は、何かがうまくいかないとき、自分を軌道修正できる。彼らが打ちのめされたときには、失敗を学びの機会と受け止めるため、早く立ち直ることができる。

5．能力レベルにより、リーダーかフォロワーかが決まる

自分の能力を信じている人は、たとえそれが無理難題であろうと、困難に対処する能力が自分にあると感じる。なぜなら、新しくてより壮大なビジョンを追求するうち、他の人と一緒にその困難を解決できると信じているからである。

急速に変化しているこの世界では、変化に追いつき、学び続け、自分をかり立てなければならない。

ではどうすれば、能力への行動意欲を活性化できるだろうか。

そして、能力を伸ばすために最も効果があるのは何だろうか。

実践方法1――学習意欲を評価し方向性を定める

学ぶという欲求は、自信を持って幸せに生きるためにきわめて重要だ。

私たちは、喜びと熱意で学べば、人生により自信を持つことができ、よりよく生きているように感じるからだ。しかし、なぜ多くの人は、新しく何かを学んだり、新しい能力を手にしたりするために挑戦しないのだろうか。

それは、けっして怠惰だからではない。私たちは単に、新たな学びの機会を自分がどう評価しているのか気づいていないからだ。

たとえば、語学を学ぶとき、自分がなぜ試そうとしないのかもわからずに、難しすぎるとか時間がないといってしまう。もしより多くの能力を得るためにあなたが試そうとするなら、「なぜ学びたいか」「学ぶのを妨げるのは何か」を見きわめる必要がある。

このことを念頭に、学習課題が明らかな、効果が立証された評価基準を知っておくべきだろう。これらの基準を知っておけば、人生における学習、つまり成長に対する取り組みをうまく工夫できるはずだ。

1．将来のセルフイメージと一致しているか？

現在の学習の目的は、将来的なあなたのセルフイメージと一致しているだろうか。

たとえば、物理の試験に向けて勉強していても、自分が将来的に物理を活用している姿を想像できないのであれば、将来的には物理の能力はほとんど必要ない。

あなたの仕事でより高い能力を発揮し、人生でより大きな成功を収めるには、どの知識、スキル、能力を学ぶべきかを基準に考えよう。

2．心理的価値があるか？

ほとんどの人は、金銭、力、褒賞など世の中から提供される物質的価値、または物質的な見返りのために学ぶよう教えられる。

しかし、それよりも何かに心理的価値を見つける――つまり、意義深いつながりを見つけることは、あなたにモチベーションを与えるものである。

情熱に従う、自分の好きなことをする、きちんと遂行された仕事を誇りに思う、仲間と一緒に共同作業をする、個人的に意味あるものに貢献するなど、私たちは物質的よりも心理的な見返りによってより突き動かされる。

物質的な見返りとは関係なくワクワクして、あなたが挑戦できるものがあるかどうかを基準に考えよう。

3. 実用的価値があるか？

実用的価値とは、たとえば私たちが何か品物を購入する理由は、それが利用できるとわかっているからであり、それをどの程度利用するかという期待値に直接的に関係している。ハイパフォーマンスでは、新しい挑戦が今自分がしているものに直接メリットがあるとわかっているときに価値を感じる。

新しい学習が、実用的価値があるかどうかを基準に考えよう。

4. 機会を奪ってしまうものはないか？

何かしら努力するということは、他のことに使える時間、エネルギー、努力、資源という犠牲を払う。私たちはこの現実を知っている必要がある。

ほとんどの場合、私たちはそのような犠牲を恐れ、学ぶ能力を損なってしまう。自分をごまかして学ばないと決めた学習は何だろうか、学習機会を奪うものを基準に考えよう。

5．試すまでに時間がかかるものがあるか？

仮にあなたがフランス語を学ぶと想像してみよう。来週から先生についてもらうものの、今から5年後にフランスに行くまで実際に話すことがないとしたら、モチベーションに影響するだろう。

人間は、満足がすぐにやってこないと、学びや努力に対してモチベーションが下がってしまう。だから、学習した能力を試すのに時間がかかるものがないかを基準に考えよう。

6．個人的にコントロールできるか？

学習に対して一貫した行動を取る自信がない場合、それに取りかかる可能性は明らかに低くなる。また、自分の取った行動が結果を出せると思えないなら、やはりそれに取りかかる可能性は明らかに低くなる。

だから、学習に対する行動意欲をコントロールできるかどうかを基準に考えよう。

7．社会的支援とつながりがあるか？

新しい何かを学び始めたり、挑戦を始めたりする際には、いかにして支援してもらえるかをじっくり考えることが重要だ。もしマラソンの走り方を学びたいなら、同じことをしている仲間を探すほうがいい。

学習のモチベーションを維持できる手助けをしてくれるよう、社会的な仲間や新しく知り合いになった人たちをどう活用できるかどうかを基準に考えよう。

8. 自分の能力を超えたものに挑戦しているか?

多くの人がより事務的または基本的なプロジェクトを引き受けるようになったのは、それくらいいなら自分の能力の限度を超えて仕事をする必要もないと感じるからだ。

しかし、現在の自分の能力を超えた挑戦こそが、成長へと導く。

本来は時間を意味のある新しいものをやってみるために活用すべきである。長い時間を費やしている割に重要でないものがないかを基準に考えよう。

9. 利用できる資源はあるか?

起業したいと考えている人がどれだけいるか考えてみてほしい。彼らがなぜ始めないかというと資源がないからだ。時間/設備/製品/システム/コンピューター/ウェブサイト/スタッフ/資金など数え上げたらきりがない。

人生で能力を高めようとする際に、これらは考慮すべき重要な点だ。

あなたが学習するものは、必要とする資源になるかどうかを基準に考えよう。

10．自立性

決定を下すたびに毎回許可を得なければならなかったら、あなたはモチベーションがそもそも持てないだろう。同様に、あらゆることで承認を得なければならなかったら、自分の仕事に責任感を持てず、その結果にコミットしなくなる。

新しい何かを試すために、誰から「許可」と支援が得られるだろうか。

学習する際に、より多くの意思決定権や自由を手に入れられるかどうかを基準に考えよう。

以上、10の基準に沿って、学習への取り組みを考えてみてほしい。そうすることで、能力を身につけるためにあなたが最大限に努力し、学び、成長し、真剣に取り組む可能性が高まるだろう。

実践方法2――挑戦の設定や成功への計画をし、コーチングを活用する

あなたのスキルや熟達度は、3年前と同じレベルだろうか。

いい換えれば、自分が成長していないと感じるところはあるだろうか。

人生で成長することに真剣に取り組んでいるのなら、本気で**成長にフォーカス**しなければならない。そしてそれは、新たな挑戦を意図的に選択した場合にのみ起こる。

それには、以下の３つの挑戦がある。

まずは、**実のある挑戦**。これは簡単には達成できないものを目標にすることだ。簡単なものを求めているなら、そこでやめて平凡な日常へ戻ったほうがいい。

次に、**観測可能な挑戦**。これはあなたが挑戦をしている間、あなたをずっと観察してくれる人を作ることだ。あなたの挑戦を最初から最後まで注視できる人、文字通りあなたのそばにいる人である。

最後に、**期限つきの挑戦**。確実な開始点と終了点のあるものが必要だ。

ではあなたは何もないところから、実のある、観測可能で、期限つきの挑戦をどのように生み出せばいいだろうか。これから数分間使って、仕事、家庭、その他プライベートにおける自分への新しい挑戦をいくつか書き出してみよう。

さて、あなたが新しい挑戦を手に入れたところで、いかにしてそれらに立ち向かうかアドバイスしよう。

まずは、**計画者になること**だ。ビジネスパーソンは、大事な会議に準備もせずに会議室へ入っていく。スポーツ選手は、大切な試合の前に敵を研究することを忘れてしまう。親は、子どもが学校でいたずらをしたことについてどう話すか考える前に、子ども部屋にふらりと入ってしまう。

準備なしでは、劇的な成長や熟達は不可能だ。当然、計画や準備をせずともうまくいくときはある。しかしそれでは成長は見込めないし、熟達に到達もできない。なぜなら、チェスやフットボールの試合に勝つことと同様に、本物の能力開発には戦略が必要だからだ。

次に、**あなたが挑戦するテーマを研究すること**だ。その分野のエキスパートにインタビューして手本にする。そして、周りの人に自分の考えや戦略を段階的に説明することだ。最も大切なポイントは、先入観のないコーチを見つけ、助言やフィードバックをもらって支援してもらいながら進むという点だ。

コーチはプロである必要はない。あなたの挑戦に対してしっかり手助けしてくれるような、親しい友達でもいい。手さぐりで挑戦したり、1人で取り組んだりしないようにすることだ。

何かを上達させる最速の方法は、改善点をコーチに助言してもらうことだ。第三者に観察してもらうことは学習には重要だ。なぜなら、自分に見えないものは改善することができないからだ。

▼実践方法3——過去の成功を自信に取り込む

能力があると感じるには、常に前進しているという感覚が非常に大切だ。しかし、何かをやっと習得したとたん、すぐに他の新しいものを学ばなければならない。人は学んだことに対し時間をかけて自分を褒めてあげないと、前進したように感じられないのだ。

重要なのは、あなたの挑戦への取り組みに焦点を当て、自分の進歩を認めるための時間を取るということだ。

そのため、私はクライアントに過去に人生で成し遂げた成果や達成について、じっくりと時間をかけてすべて書き出してもらっている。

この章の冒頭に登場したスーザンには、過去10年の1年1年に対し、**「勝利の記憶」**を少なくとも1ページずつ書いてもらった。今日彼女がいる場所に到達するためにしてきた成功すべてを意識的に思い出す必要があった。手に入れてきた新しいスキルすべて、思い出せるかぎりの読んだ本、思い出せるかぎりの受講セミナー、彼女が賞賛されたあらゆる業績などについてだ。

彼女は書き終わるまでに8時間近くかかったが、それは記録すべき勝利がたくさんあったからではなく、むしろ思い出すのに苦労したからだった。

スーザンはこのワークで書き出した「勝利の記憶」すべてを、私に送ってきた。その手紙には、こう綴《つづ》られていた。

ブレンドン、私は泣きじゃくりながらこの電子メールを書いています。これは、私がこれまで行ったどんなワークよりもパワフルでした。

最終的には自信をもらえましたが、書きながら終始ずっと惨めな思いでした。それは、自分の過去10年を振り返りつつ、自分が達成してきたことをなかなか思い出せなかったからです。

あなたが「敗北の記憶」と呼んでいるものは簡単に思い出せましたが、「勝利の記憶」を思い出すのには、本当に苦労しました。自分の成功を自分の心に取り込んだことがまったくなかった事実に気づかされました。私はあまりにも盲目になって、自分が前進してより賢くなっている事実が見えなくなっていたのです。

このワークをしてくれて、ありがとう。私の「勝利の記憶」を楽しんで読んでくれればうれしいです。この20ページは、人生で私が初めて手にした勝利のような気がします。

あなたも何を達成したかだけを考えよう。目を閉じ、自分が行ったすべてを考え、自分自身に次の言葉を言ってあげるのだ。

私は前進している。小さくても一歩ずつ、私は前進している。

最後に、さらにもう一歩踏み込もう。

日記をつけてほしい。自信があるという感覚は、自分が取る行動からだけでなく、人生を振り返るという行為からも現れる。だからこそ、少なくとも週に1度は、何を学び、前進したかを日記に書き留めてほしいのだ。

もしあなたが新しい学習を始め、それに挑戦すれば、最終的には生き生きした達成感を得られるはずだ。

◆満たされた人生にするためのポイント◆

1．夢の将来を実現するためにスキルや能力をもっと伸ばさなければならない分野は……

2. 自分に与えるスピード学習（たとえば60日など）の課題は……

3. 勝利を祝福し、自分のアイデンティティに成功を取り込むための方法は……

第4章

一致への行動意欲

「妥協はしないこと。自分には自分しかいないから」

――ジャニス・ジョプリン

▼自分が何者であるかわからない……

私がミシェルに許された時間は、25分だけだった。

「もっと個性的かつ大胆で刺激的なうえに、表現豊かな人物が、その中にいる可能性はあるのかな?」

この質問に唖然《あぜん》としたようだった。彼女はずっと泣いているが、きっと私に一緒に泣いてもらいたいのだろう。しかし私は、彼女の女友達でもないし、セラピストでもない。私は彼女のコーチなのだ。

これまでの35分間、ミシェルはいかに自分は幸せでないか延々と語ってきた。彼女の人生における精神的な不安感のほとんどは、彼女の子ども時代や親が期待する能力が彼女にないというところに端を発していた。彼女はその後、実際の自分と本来なれるはずの自分が一致していないと感じる理由を年代順に説明しながら泣き始めた。

35分がとっくに過ぎていた。セッションの時間が終了したら、彼女は私のオフィスを出て行き、私は2度と彼女に会わないだろう。私は彼女の人生を方向転換させるために、報酬を受け取った。彼女から1時間のコーチングをしつこく迫られたのだった。

1時間での変化など私は信じないが、彼女は譲らず、そして今ここにいる。そして、私にはあと25分しか残されていない。

彼女は私の冷静なアプローチが気に食わなかっただろう。しかし私は手を緩めない。私は彼女の顔からわずか数センチまで身を乗り出し、彼女の魂を探しているのだ。そして、彼女の目の中をじっと見つめて、この厳しい質問を投げかけたのだった。

「もっと個性的かつ大胆で刺激的なうえに、表現豊かな人物が、その中にいる可能性はあるのかな？」

彼女は、この質問にどう答えようか決めかねているようだ。

「自分をそんなふうに思いません。まあ、私の一部はそうかもしれないけど、でもそんなふうには振る舞いません、本当に……」

私は目をそらすことなく、首だけを傾けた。

「それが問題なのかもしれません」

自分が考える自分として行動しないと、多くの場合、フラストレーションや怒りを感じる。たとえば、自分がライオンだと思っているのにネズミのような行動を取ってしまうと、自分自身に嫌悪感を抱くのだ。

ミシェルの問題は、多くの人が抱えている一致に関する二面性にある。

1. 彼女は自分を軽く扱い、普段の生活でもそのような行動を取ってしまう。かぎられた彼女の信念に彼女自身も一致し、惨めな気分になる。

2. 彼女は自分がもっとよくなれると知っており、理想の自分、本来なれるはずの自分ではない行動を取ると惨めな気分になる。

こうした問題に向き合うための唯一の方法は、より高い基準と期待を自分に対して設定し、自分が世の中に対してどう交流するかに適用させることを決意するのだ。叶える呪文《じゅもん》は、**「自分をもっと評価し、最高の自分や自分の可能性に一致した行動をする」**だ。

もちろん、常に一致しているのは難しいものだ。あなたは職場ではロックスターなのに自宅では用務員かもしれない。親友といるときは楽しくて刺激的で陽気かもしれないが、ベッドでは恥ずかしがり屋で控えめかもしれない。

しかし、あらゆる状況であり方が多様なのは自然であり、健全なものだ。もし私たちが常に寸分変わりなく同じままなら、人生とは恐ろしく退屈だろう。

ただ、自分が定義したことのないものに一致はできない。あなたがどういう自分になりたいかという１つのセルフイメージを作ることが大切である。

実践方法１――新しい自分自身の基準を設定する

今日の世界では多くの場合、私たちのアイデンティティの基準は外的影響によって作られる。

私たちは、いかに格好よくいるか、受け入れられるか、愛されるか、成功できるか、ふさわしくあるためにどう行動すべきかなどのメッセージを常に浴びせられる。何を着るか、どう行動するか、いつ率直に話すか、何が可能か――これらの情報がすべて私たちの中へと入り込み、アイデンティティや自分への期待となってしまう。

人生であなたのセルフイメージを作り出したのは誰だろうか。

あなたの家族や友達だろうか、メディアや世間だろうか。

最も重要なのは、あらゆる状況において個性的で才能豊かな本当のあなたを示すために、偽りなく、誇り高く、完全で、満ち足りた、信頼のおける自分でいられるよう自分が定義したイメージに一致する行動を毎日取ることである。

過去のいかなる影響であれ、大人の人生のどこかで、**セルフイメージを選んだのは、今もこれからも自分以外の何者でもない**という現実を直視しなければならないときがくる。だからこそ、過去に抱いていたあらゆる疑いや制限を今こそ取り外すときだと私は主張するのだ。

いい訳など何もない。

そこで私は、クライアントに人生で行動を取る際の基準的な枠組みとなる6つの言葉を選んで覚えるようにお願いしている。

「自分が何者であるか」についての3つの言葉、**「他者をどう扱うか」**についての3つの言葉だ。

まずは、あなたが人として何者であるかを定義する3つの言葉を選んでいく。

数分間、今後あなたが生活の中で、自分を定義するために使う可能性のある言葉をいくつもブレインストーミングし、それを書き出してほしい。

・生活の中で自分自身を定義するのに使いたい言葉は……
・これらのうち、自分の基準として自分自身をどうとらえるかを表す3つの言葉は……

・これら3つの言葉をそれぞれ選んだ理由は……

3つの言葉を書き出したら、カードに書いて常に持ち歩くといいだろう。職場の机の壁に貼ったり、カレンダーの通知機能を使って1日に数回この言葉がパッと出てくるように設定しておいてもいい。

ちなみに私の言葉は、これまでの15年間、**今**（Present）、**熱意**（Enthusiastic）、**大胆**（Bold）だ。私はこの3つの言葉を、1日に何度も自分にいい聞かせている。今では1日に数十回は自動的にこれらの言葉を考えるようになった。

次に、あなたの社会的基準、他者をどう扱うかについての3つの言葉を定義しよう。

3つの言葉は、他の誰かと触れ合うとき常に念頭に置く言葉となる。私は、見知らぬ人と握手をするとき、クライアントに電話をかけるとき、チームをリードするとき、部屋に入ってきた妻に挨拶《あいさつ》をするとき、常にこの3つの言葉を唱えている。

それではもう一度、数分間ブレインストーミングをして書き出してほしい。

・他人との触れ合い方を定義するのに使いたい言葉は……
・これらのうち、自分の基準として他の人とどう触れ合うかを表す3つの言葉は……

・これら3つの言葉をそれぞれ選んだ理由は……

言葉をよく考え、他の誰かでなくて、あなたが選んだ言葉を使うようにしてほしい。そして、これらの言葉があなたにとってなぜ特別なのかを明確にしておこう。

もし私があなたに会うとしたら、私の頭の中を走り抜けている3つの言葉は、**没頭した**（Engaged）、**思いやり**（Caring）、**インスピレーションを与える**（Inspiring）だ。

これらの言葉を選んだ理由は、私があなたに関心を持ち、あなたの話にしっかりと耳を傾け、人としてあなたを深く気遣い、あなたの人生において何が可能であるか思い出させることが、私の最大の役割だからだ。

以上の6つの言葉は、自分の中にしっかりと取り込まれたときに、あなたの人生に長期的な影響を与えてくれる。

この実践が持つ力は、継続して行うことで発揮される。6つの言葉を自分に言い聞かせるだけではなく、自分の行動に基づいて活性化させなければ、ただ無駄になるだけだ。

あなたが何者になるかというビジョンを持ち、実際にビジョンそのものになる――これが一致なのだ。言葉があなたの信念となり、毎日の行動基準となるとき、あなたが常になりたかった自分と完全に一致している可能性が高くなるのである。

実践方法２――心のメーターを設定する

私たちは、どう振る舞うかだけでなく、常にどう感じているかによっても、人生との一致を抱く。

感情が乱れまくっていれば、自分が社会に一致しているとは感じられない。他人や状況によって引き起こされる、コントロールできないほどの感情の浮き沈みによって、私たちは惨めな思いになる。生活の中で心の内に感じ、外側に示す感情的な現実が安定した状態にないと、私たちは調和を失い、一致していないと感じるのだ。

このように、一致という感情は、内なる感情の一貫した心のメーター、または気分によって感じられるものである。

では、あなたはどのような気分を常に感じていたいだろうか。

自分が感じたい気分と常に一致しているためには、何があなたの気分に影響を与えるのかを知ることが役に立つ。

気分に対する最も重要な要素は、身体的な動き、音楽、精神集中、社会的な雰囲気、将来的な方向性だと私は気づいた。

私は、毎日のウォーキングを欠かさない。家で流すお気に入りの曲がある。ネガティブなメディアは避けている。楽しい友達や明るい妻と一緒に時間を過ごし、より健康的でスリルあふれる明日に目を向けている。これらはどれも、私が感じたい感情と一致した生き方に向けたシンプルな戦略だ。

次の言葉は、心のメーターや気分をうまく管理して維持するために毎日実行できるアイデアの1つだ。

・毎朝、「今日一番楽しみにしているのは何だろう?」「今日楽しみながら、やろうと決意できるものは何だろう?」と自問する。1日をポジティブな期待で始めるというのが、心のメーターを上げる鍵だ。
・1日たっぷりの水を飲む。疲労、空腹、頭痛など、気分を害する要素は、適度な水を摂取していないために起こる。
・「ありがとう」という理由を探し、その日を通して感謝の気持ちを表す。他人を褒め、感謝することは、心のメーターを大きく上げる。
・友人と昼食をとる。自分が好きな人たちに囲まれ、他人と交流すると常に心のメーターが上がる。
・その日の経験を通じ、感謝したい物事について日記を書く。また、自分が何を学び、何を楽しみにしているかも書く。

最後に、その日どうすればもっとやる気を起こせたか、思いつく方法をいくつかブレインストーミングしてほしい。

これにより、あなたは人生でずっと感じたかった感情を想像できるようになるのである。

実践方法3——約束を守り最後までやり通す

「約束を守る」という言葉は、私が一番好きな自己啓発の魔法の言葉だ。

しかし、約束を守る人は少ない。やるといったことをやらないような人は、あなたの人生にいったいどのくらいいるだろうか。

それは、私たちが日常口にする言葉に対して軽々しい姿勢に関係している。そして、それはこうした発言から生まれている。

「この世の中で私の言葉など他の人にとって重要ではないし、影響なども与えない」

こんな思いで行動すれば、自分の言葉に不誠実になってしまう。

言葉というものは無視できない。自分が発する言葉は、長い時間をかけて自分が何者であるかを反映するようになるからだ。

一致とは、単に自分がやるといったものをやるだけの話ではなく、すべきであると自分でわかっているものを初めから終わりまでやるということだ。

たとえば、家をペンキで塗り始めたのに終わらなければ、それが終わるまで、あなたの心の中には何かすっきりしない感覚が残るだろう。その感覚は、毎日を暮らす中で常に真っ先に考えたりはしないが、家にいる間、常に心に浮かんでくる。つまり、未完の精神的重荷なのだ。

自分の責任を管理し、始めたことを終えるのに、今日あなたは何ができるだろうか。

一致とは、あなたが人生でなりたい自分や得たい感情、達成しているべき姿と一致したとき、あなたの内なる心はより強くなる。より地に足が着いたと感じるようになり、より責任感が増し、自信が持てるようになるのである。

◆満たされた人生にするためのポイント◆

1．6つの基準の言葉に一致するために、明日からやめなければならない、または始めなければならない行動は……

2. 日常的にあなたの感情が一致できるよう、心のメーターを毎日管理できる３つのことは……

3. 今後60日間、あなたが決めて取り組む５つの約束事は……

第5章

思いやりへの行動意欲

「私は人生を一度だけ生きる。それゆえ、もし仲間に示せる優しさがあり、行える善きことがあれば、引き延ばすことなく、怠ることなく、今それを私にさせたまえ。私はこの道を再び通ることはないのだから」

――ウィリアム・ペン

強がる心の裏側には……

「誰も気になんてしちゃいないし、正直いって、俺もどうでもいいと思っている。次の質問は?」

私の目の前にいるのは、身体が非常に大きな男性だ。196センチメートルほどで、分厚い胸板はTシャツを限界ギリギリまで伸ばし、二の腕にはグレープフルーツくらいの筋肉がついている。

彼なら、私をジュースの空き缶のように部屋の向こう側へ放り投げられそうだ。そして、怒りで真っ赤な彼の顔から、彼が本当にそうするのではないかと私は心配になった。

しかし、私は彼を放しはしない。だからもう一度尋ねた。

「それで、あなたを気遣い、思いやっているのは誰で、あなたが気遣い、思いやっているのは誰ですか？」

彼は目を見開き、首を傾け、信じられないという感じで私を見た。

「俺は都会から来た感傷的でオシャレな優男じゃない。俺は『思いやり』について聞きたくてあんたに会いに来たんじゃない。ここに来たのは俺の成績を上げたいからだ。だからさっさと次の質問をしてくれ。コーチ、さもなきゃ俺は帰る」

彼は正しい。彼は成績を上げる方法を学びに来たのだ。

彼は有名な元フットボール選手で、現在は車の販売をしている。といっても、今回は惨めな降格ではない。彼のチームは何百万もの稼ぎを上げている。彼は成績優秀者の1人だが、1番になりたいのだ。

私から彼が手にしたいのは、ただ自分のチームのモチベーションを上げるための戦略と、人々がもっと多くの車を彼から買いたくなるような心理操作術だ。

私はこの男の評価をすでに終えていた。彼は攻撃的すぎるのだ。彼から車を買うほとんどは女性だが、思いやりがある人間という印象を与えない。彼の頭脳、積極性、名声が出世の手助けをしてきたが、私たち誰もがどこかの時点でつまずく真実を学ぶ必要がある。

人間としてつながり、思いやり、感情面で真剣に関われる人だけが、いかなる努力においてもナンバーワンになれるのだ。

私はこれを心から信じている。

しかし今この瞬間は、彼とは〝戦場〟で対決しようと決意した。

「わかった」と私はいい、椅子の背もたれに寄りかかり、値踏みされていると彼が感じるよう、ゆっくりと彼の頭から足までじろじろと見て話を続けた。

「あなたが感傷的だとなおざりにした事柄を話し合うには、途方もないほどの度胸と強さが必要になる。心の問題は人生の問題だ。あなたの心には穴が空いているのかもしれないし、心のブロックがあるのかもしれないが、もし覚悟を決めるために数分欲しいなら、あなたが外に出て行って勇気を奮い起こしてから戻って来て、本物のハートで男らしく話すまで、私は喜んでここで座って待っていますよ」

普通、巨人に向かってこんなふうに話したりしないものだが、そうされると、巨人はバランスを失ってしまうものだ。そして、戦ってきた男だけが使える、冷たく無感情な声で彼はいった。

「そうか?」

部屋には物音1つしない。ただ静けさと張り詰めた緊張感だけがそこにある。互いににらみ合う男2人だけ。一触即発だ。

しかし私は、まばたきなどしない。「どうでもいい」のだと彼に知らしめるための、一か八かの作戦だった。

突然、彼が口火を切った。鼻を鳴らし椅子にふんぞり返り、窓の外に目をやったあと、視線を私に戻した。そして照れくさそうな笑顔を作ると、同時に手のひらでパンツをこすった。

「もっと深く掘り下げなきゃいけないって話だろう、先生？」

このセリフで私も笑顔になった。私の声も柔らかみを帯び、今度は思いやりを持って彼を見つめた。

「私が思うに、あなたがどれだけの感情を抱いているか知っている人はあまりいないでしょう。あなたは人を非常に思いやっている、そうではありませんか？」

彼は深呼吸をしてから右上に目線をやり、考え込んでいた。その後、驚いたことに目に涙をためてこういった。

「そうしたいよ……」


思いやり、そして思いやってもらうという能力は、人間の強みだ。

このおかげで私たちは、子どものときに育ててもらえ、大人になると他人への愛、共感、優しさ、許し、利他的行為を示せるようになる。

だから、あなたが必死になって他人から求めようとしているものはほとんど、相手が思いやりを示してくれる行為からのみ、感じられる。

しかし、人生で思いやってもらえていないと感じるとき、精神的なレベルで問題が起こり始める。自殺の遺書は、「誰も気にかけてくれなかった」とか「誰も気になどしないだろう」という、取りつかれたような思い込みでいっぱいだ。

思いやりのない環境にいる人たちは、異常な行動、ポジティブな感情の欠如、離婚、浮気、突然仕事を辞めるなどという行動をする。思いやりは深刻な問題なのだ。

これには、裏の面もある。他人から思いやりを受け取るだけでなく、他の人たちに継続的に思いやりを表現しないと、人生は色彩やつながりを失ってしまうのだ。

つまり、思いやりへの行動意欲とは、自分の行為や他人からの行為によって感じる、自分は安全で、価値があり、愛されているという実感や、思いやってもらっているという幅広い感覚に対するニーズなのだ。

先ほど、私があの巨人とにらみ合って彼にいったのは、「あなたの心には穴が空いているのかもしれないし、心のブロックがあるのかもしれない」ということだった。

これは侮辱だったわけではない。思いやりが消えてしまったり遮断されてしまったりすると、身体的に何が起こり得るのかを描写していたのだ。

彼と別の日にセッションをしていたある日を思い出す。196センチメートルの巨人は、学びにワクワクして身を乗り出していた。

「ブレンドン、今日俺が取りかかって治したいのは、俺がなぜこんなにも感情的に揺り動かされているかっていう点だ。とにかく強い感情を持ち合わせていないんだ。俺の妻は俺たちがここでやっていることが滑稽《こっけい》だと思っている。でも彼女は……なんていうか、思いやりとか繊細な心を持った人になってくれればいいと思っているよ」

彼の言葉は、すべての人間が直面する現実を表している。

人生のどこかで、自分の感情や思いやりの大きな振れ幅を経験することで、より豊かでより深く関与できる満たされた人生へのゲートがいかにして開かれるか理解したのだ。

このような経験で、あなたに知っておいていただきたいものが2つある。そのどちらも、私が「感情的な脳のブロック」と呼ぶものを引き起こす。

1つは、**心配しすぎ**、もう1つは、**あまりにも注意を払わないこと**だ。

過去に例の巨人に起こったのは、生涯を通じて十分に思いやってもらったり、愛されたりした感覚がなかったことだった。彼がいうには、別れに次ぐ別れ、批判に次ぐ批判で感情が切り離され、心の中が冷たく孤立した状態になってしまったのだ。

人生で圧倒されるような感情的な出来事が起こると、心と脳は保護モードになる。これは生物学的な機能の一部である。

感情を停止できるこの能力は「防衛機制」と呼ばれる。人間が進化するにあたり、私たちを人間たらしめている闘争、逃走反応に伴う感情の多くは、その瞬間に必ずしも役立つものではない。

会議中に誰かに恥をかかされたとき、身体の中にある感情は、今すぐ立ち上がり会議室から出て行けといってくる。しかし幸運にも、あなたの心はその感情を抑え、話し合いの内容と会議のゴールを考えて、動かずにじっとしていろとあなたに指示する。

こうした心の防衛機制が能力だというのはそのためだ。しかし、私たちが経験する痛みやトラウマが多ければ多いほど、感情を避けるためのより多くの神経経路が強化される。

そして突然、私たちは自分の感情をかつてのように統合できなくなってしまう。そして、**抱く感情が少なければ少ないほど、自分や他人への思いやりが少なくなってしまう**のだ。

結局のところ感情とは、私たちを思いやりへとかり立てる光なのだ。

では、自分や他者をもっと思いやり、他者に思いやってもらうよう自らを磨くには、どうしたらいいのだろうか。

本物の挑戦は、自分の目標や選択に意識を払うよう心の底から取り組み、それを実現するために一貫した努力を行うことから始まる。より多くの思いやりに値するようになるためには、私たちは思いやりを受け入れ、自分の周りにあふれているものに目をやり、その恩恵をお返ししなければならないのである。

実践方法1――自分自身を思いやる

他人からの思いやりを受け取れるようになる前に、まずは自分自身を思いやることで、内なる行動意欲を一致させる必要がある。

脳と身体は、あなたが自分自身を大切にしているか、健康や人生にとって最善を探し求めているかを必死に知りたがっている。自分自身を大切にしていないと脳と身体が自覚していると、人生で持続したやる気を感じるのはほとんど不可能に等しい。

私たちは、他人を喜ばせることに忙しすぎて、自分を思いやることをあと回しにしてしまう。だからこそ、多くの人が脱水症状、肥満、ストレス過多、睡眠不足になっているのだ。

今こそ、もっと自分を思いやるときだ。

自分がどう感じ、何を考え、何を欲し、何を必要とし、何に幸せを見いだすのか、じっくりと考えるべきだろう。だからこそ、自分を思いやれるようになるための計画や習慣を取り入れるべきだ。

・毎晩7時間以上の睡眠をとる

よりよい睡眠が脳、身体、生活を最善にする行動である。スケジュールを管理して、周りの人に手伝ってもらいながら、より長い睡眠を確実にする方法を見つけてほしい。

・食事に気を使う

暴飲暴食、ファストフードばかり食べていると、あなたの身体は思いやってもらっているとはけっして感じられないだろう。そして、少なくとも3分の1は新鮮な野菜にするように心がけよう。野菜を中心とした食習慣は、身体の栄養状態を良くし、アルカリ性を高め、病気を遠ざける。

・週3回以上の運動をする

運動に対してのアドバイスが必要なら、長時間の運動を週2回以上、有酸素運動を基本としたルーチンの運動を1時間、そして、短めのウェイト・トレーニングなどの無酸素運動を週1回以上行うようお勧めする。

・瞑想をする

神経科学者は、瞑想がストレスに高い効果があるだけでなく、新しい神経を育て、さらなる創造性、共感、達成に向けた能力の活性化に効果があると証明している。

世界の著名人の多くが瞑想している。午前中半ばと夕方近くに10～20分でいいので、1日に2回の瞑想をしてほしい。

・多くの水を摂取する

1日に6リットルほどの水を飲むべきだ。これには誰もが同意してくれるわけではないが、昼食までに2リットル、午後に2リットル、夕食から就寝までの間に2リットルが目安だ。試してみれば、精神的、身体的なエネルギーの高まりに驚くに違いない。

こうした実践をしながら、自分を褒めてあげるという行為を同時に行っていく。自分の感情にもっと頻繁に触れるようにしていくのだ。

自分の感情や右脳に触れると、共感を起こす神経を発火させやすくなる。1日に3回、それぞれ違う時間に、自分の身体の中にある感情を意識的に確認する。毎回の食事の前、誰かとの会話のあと、そして就寝時間の1時間前に確認する。1～2分間ただ座り、「今このときに自分が感じているのは何であり、それはなぜだろう?」と自問するのだ。

1日に数回、ただ自分の感情と共にそこに座るだけでいい。

そうすれば、右脳の流れが開かれ、最終的にはより思いやる意欲が流れていることが実感できる。

あなたはこんなことで思いやりの気持ちが現れるのかと不思議に思うだろう。しかし数週間続けてみれば、自分の感情的な世界にもっと同調するようになる。その過程で、脳内で新しい神経経路が強まるのだ。

自分自身を思いやることはスキルであり、実践すればするほど、あなたの人生にとっての考え方や行動となって現れるのだ。

実践方法2——弱い自分をさらけ出し、他人の思いやりを受け入れる

他人からの思いやりを誰もが感じたいものだが、いかに多くの人が、他人の感情や思いやりに心を閉ざしたり、無関心になっていたりするかに驚く。

助けが必要なときに、人が手を差し伸べているのにもかかわらず、私たちはそれを求めない。電子メールを受け取っても、関心を寄せることなく、たった1行の返事でさっさと終わらせてしまう。パートナーが家を掃除してくれるということが愛の印であることさえ気づかない。

多くの場合、他の人からの思いやりのアプローチをどう気づき、受け入れるかは、過去

にどれほどの思いやりを経験したかによるところが大きい。

たとえば、成長の段階で世話をしてくれる人が、敏感で愛情豊かであれば、それと同じ気質をあなたも人生で示す傾向があるとわかっている。逆も同じで、成長の段階であまり面倒を見てもらえなかったら、自分や他者をあまり面倒見なくなる。

しかし、過去は過去だ。私たちは自分の人生をどう生きるかを改めて選ばなければならないのだ。

世話をしてもらう価値がないと感じたり、過去に傷ついたりした経験があって他人を思いやれないのであれば、考え直すときがきている。

弱い自分をさらけ出し、助けを求め、他の人たちが近寄るのを受け入れる。これには勇気がいるが、他の人からの思いやりやサポートにもう一度心を開いてほしい。

そのためのシンプルかつ戦術的な方法は、人生で困難だと感じるものをすべて書き出してみることだ。人生のあらゆる面——感情、心理、社会、職業、経済、精神など、それぞれの分野で、どのような課題や問題を抱えているか書き出してみる。そして、あなたにとっての願望や夢を書き出す。

書き終えたら、決意するときだ。これらの願望や夢を叶えるのに、独力でするか、手伝ってもらうか、その決意への答えは、あなたの人生における今後10年を左右するのだ。

実践方法3——他人にもっと関心を抱き、注意を払う

自分を思いやることができ、他人からの思いやりを受け入れられるなら、この行動意欲を活性化するまでもうあと半分の道のりだ。どれだけ進歩できるかは、より大きな思いやりを世の中に示せるかにかかっている。

私たちの社会は、他人に対してうわべだけの世界にとらわれたものになってしまった。あなたの人間関係が思うように熱がこもったり思いやりにあふれていたりしていない最大の理由は、あなたが人間関係の「中に」ほとんど入っていないからだ。

つまり、相手と今この瞬間を共にしていないのだ。だから、相手もこの瞬間を共にしていないか、あなたとの関係に完全に「入れ」ない。最も深い人間関係を体験する唯一の方法は、相手とその瞬間のより深いところにいくことであり、共に今という瞬間に完全に身を投じることである。

他人とのコミュニケーションの際にその瞬間に存在するという行動は、相当な集中力と練習を伴う。そこで、次のシンプルなテストをやってみてほしい。

あなたが頻繁につき合っている10人を書き出す。そのリストはおそらく、パートナー、

家族、友達、同僚などを含むだろう。リストができ上がったら、それぞれ10人に対して、以下の質問に答えていく。

・その人が人生で叶えたい3つのことは……
・その人のお気に入りのアーティストは……
・その人の親友3人は……
・その人が人生でした最高の3つの経験は……
・その人が人生でした最悪の3つの経験は……
・その人の好きな食べ物は……
・その人が手に入れたがっているものは……

このテストで、あなたは近しい人たちについて、あまりにも知らないという事実に気づくはずだ。古いことわざがある。

「世の中には2種類の人間がいる。部屋に入って来て、『私はここだ』という人と、部屋に入って来て『あなたはそこにいたのか』という人だ」

ぜひ後者の人になってほしい。レンズを他の人に向けるのだ。彼らにもっと質問しよう。彼らの好奇心に興味を持とう。

私たちは誰もが、自分が何者で、何を考え、何を感じるかを誰かに気にしてほしいと思うものだ。だからこそ、どんな人でも「どうか私に耳を傾け、私を大切に思ってください」と、首から看板をぶら下げていると思うべきなのだ。

だから今後、誰かがあなたに何かを話すたびに、意識的にこの質問をしよう。

「わあ、そのときどう感じましたか？」

他の人にこの質問をするのは贈り物を渡すようなものだ。なぜならこの質問は、あなたが相手の感情を気にかけていると相手に示す行動だからだ。また、他の人とより深いコミュニケーションができるため、あなたにとっても贈り物なのだ。

◆満たされた人生にするためのポイント◆

1. 自分自身をもっと思いやるために実践する5つの方法は……

2. 弱い自分をさらけ出す場合、何に対して他の人から助けを求めるだろう……

3. 私の人生にいる人たちにもっと思いやりを示す3つの方法は……

第6章

つながりへの行動意欲

「宇宙の全人口は、小さな例外を除き、他の人たちから構成されているということを覚えておくとよい」

――ジョン・アンドリュー・ホームズ・ジュニア

▼つながっていないという10代の少年の怒り

友人のダンのあとに続いて彼の家に入ると、玄関が壊れており、ドアがきちんと閉められていなかった。玄関のガラスは散らばっていて、廊下にあるテーブルは、壁にあった本来の場所から飛び出しており、その上の写真立ては倒れていた。

ダンは、決まりが悪そうに肩をすくめた。私たちは階段を上がった。ダンは右側にある一番奥のドアを指していった。

「シェーンに愛しているっていってくれ。君がやるべき仕事を終えたら、私はキッチンにいるからいつでも来てくれ。そうしたら飲みにでも行こう」

友人が、自分の子どもに手を貸してくれといってくるときほど難しいと感じることはない。シェーンの部屋を覗くと、机に向かって何かを書いている彼が見えた。母親のリタがそばの椅子に座り何かを読んでいる。彼女は私を見て、安心したような笑顔を見せた。

「シェーン！　ほら、ブレンドンが来たわ！」

シェーンはチラリと私を見たが、目線は合わせなかった。

「驚いたな、シェーン。特別機動隊が来たのか？　映画の麻薬密売所みたいに部屋をぐちゃぐちゃにして」

シェーンは昨晩、元交際相手のニーナにメールを送った。

――銃を持っている。引き金を引くのはお前のせいだ。お前なんかクソくらえ。みんなクソくらえ！

ニーナはたまたま親友の1人といて、その親友の父親は警察官だった。

シェーンは、頭を上げずに机に向かったままだ。リタが願いを込めるような目で私を見て、部屋を出て行こうとした。

「シェーン、下にいるわ。今日は1日ずっと家にいるからね、がんばって」

シェーンは母親を無視した。私はそっとシェーンの机の脇に座った。私は彼が招き入れるまで話しかけなかった。そして、シェーンはついに口を開いた。

「それで？　昨晩やつらは特別機動隊を送ってきて、今度はあんたなのか？」

「まぁ、1階で麻薬をやっていた娼婦を全員追い出したから、私を送り込んでも安全だと思ったのだろう」

驚いたことに、彼はにやっと笑った。もっと時間がかかると思っていた。

家に入る前から、私はシェーンにコーチとして接するつもりはなかった。彼は16歳であり、問題についてさりげなく切り出した。

「やつら、ドアにひどいことをしたね、まったく。頑丈《がんじょう》な男たちだったに違いない」

彼は再び不機嫌になり、こちらを見ずに答えた。

「あんたより大きかったよ」

「ははは、そうだろうね。前に話したか覚えていないけど、俺は陸軍の試験を受けたことがあるんだ。合格しなかったけどね。腕立て伏せもろくにできなかったし、白いブリーフとTシャツの男たちでいっぱいの大部屋で寝泊まりするなんてまっぴらだったからね」

シェーンは本気で笑った。彼の父親は陸軍にいたので、この話は彼にウケると私にはわかっていたからだ。10代の子に気に入られるには、とりとめのない話をしながら自分が敗者になり、適切な瞬間がきたときだけ、関心を持っているという思いを示すのだ。

「本当に銃なんて持っていなかったって聞いただろう?」

「マジか？　本当にそいつらが私より大きかったのなら、君は護身用スプレーくらい持っていたんだろうな」

「本当に何も持っていなかった。下でドアを叩く音がしたけど応えなかった。まさか壊してここまで上がって来るなんて思わなかったんだ」

10代が告白する瞬間のルールその1。感情を合わせることだ。

「やつらが入って来たなんて、私も驚いたよ」

「だろう？　ちくしょう。俺が本当に銃を持っていたらどうしたんだろう？　俺を撃ったかな。でもあんなふうに力ずくで押し入るか？」

「私も変だと思うよ。驚いた。もしかしたら君を知っていたとか何かじゃないのか」

「たぶん、今はもうみんな知っている」

「誰が？」

「みんなだよ。学校の生徒全員。絶対ニーナがみんなにいったに違いない。それから警察官も学校に話したし、保護者全員と近所の人たちとか。たぶん明日からセラピストに会わなきゃいけないいんだろうな」

「刑務所に入れられなくて本当によかったよ」

「むしろ刑務所に入りたかったよ。今さらどうやって学校に戻ればいいのさ？」

彼は初めて友達として私に目を向けた。これは本気で聞いているのだ。

「ただ普通に学校に行って、『やあ、俺の彼女が興奮して警察に電話して、警察が俺の家をめちゃくちゃにしたから、俺は急いで麻薬をやっている女たちを裏口から逃がさなきゃいけなかったんだ』っていえばいい」

彼はまた笑った。私はこのとき、手助けできると確信し話し続けた。

「それか、学校へ普通に行って、自分はもう大丈夫だって友達にいって、もう一度やり直す決心をするんだ。みんな君をどう考えていいかわからないけど、やつらは見ているよ。君が何者になりたいか、みんなに君をどう知ってもらいたいかを見せるんだよ」

「うん……。わかっていると思うけど、やろうなんて思ってなかった。ただ寂しくなって、誰も気にしてくれていないと思ったんだ。ただニーナにすごく腹が立っていたんだ、わかるだろう？　気にしてくれるよう脅かしたかったんだ。俺が何を考えていたか、どうしてあんなことをしたのかみんな知りたがる。自分でも何を考えていたかなんてわからない。たぶん誰かとつながりたかったんだろうな」

帰ろうと立ち上がる頃には、彼はタッチとあのクールなうなずきを再びしてくれた。

「ありがとう、ブレンドン。俺の気が晴れるようにがんばってくれているのはわかるよ。本当だ。あなたみたいな友達がいたら、俺はきっとあんなことしなかった」

「わかるよ、シェーン。友情は命を救ってくれる。明日、セラピストとのミーティングが終わったら、ピザでも食べに行こう。どうやって女の子をゲットするか教えるよ。いいかい？」

1階でダンとリタにこの話をすると、2人は安堵《あんど》の涙を流した。しかし私は、まだ始まったばかりだと断言した。

これから彼らは、息子のシェーンにこれまでとは違うつながり方を学ばなければならない。彼は極限までいったのだ。もうこれまでの「男の子」ではないのだから。

私たちは誰もが、周りの人たちとつながりたいと思っている。

現代社会は、ソーシャルメディアのおかげで、これまでなかったほど多くの人々につながっているが、それゆえに表面的なものになっている。

あなたは、そのうちの何人が本当につながっているだろうか。

人とのつながりは、自分がどのような仕事をしているかと同じくらい、あなたの幸せに関係している。

しかし問題は、他の人とつながりたいという思いと同じくらい、私たちは世の中や人間関係において自分の意志も行使したいと思っていることだ。

これが、衝突が起こる原因だ。

他者とのつながりからくる幸福感は多くの場合、衝突という形でらせん状に落下してしまう。私たちは誰もが、自分で重要だと考える個人の価値観や観点を持っているが、自分が重要と考える物事や自分の見方に対し他の人が疑問を投げかけると急に身構えてしまう。

そして、身構えれば身構えるほど、自分の意見、考えや常識、感情を主張したくなってしまう。これは、お互いの理解にも、衝突にもなり得る。

これが事実なら、人間関係全般を改善するに当たり私たちが直面する本当の課題は、互いに持ちつ持たれつの関係の中にいながら、自らの自立への必要性を伝える方法を学ぶことが大事なのかもしれない。

結局のところ、人間関係で問題を起こすほぼすべてのもの——批判、保身、競争、手厳しい意見の相違——は、お互いの独自性や個性への理解、受容、確認の欠如に端を発しているのだ。

もちろん、実行するとなると大変だ。しかし、よりよい力を与えてくれるようなつながりや苦悩は、それだけの価値がある。

自分が心から大切に思う人とエネルギーや熱意をシェアできるのは、完全な満たされた人生の証明であるといえるのである。

実践方法1——理想的な人間関係をデザインする

人との人間関係を強いつながりにすることは、あなたにとって理想的な人間関係がどのようなものかを定義し、それを実現するために行動やコミュニケーションの仕方をデザインしていくことから始まる。

これは重要な作業だ。なぜなら、自分がつながっているのが理想的な人間関係だと感じれば感じるほど、より深く、意味の深いつながりへの行動意欲が満たされるからだ。

ここで実践するのは、家族、友人、恋人、仲間／同僚という4つの人間関係である。

まず次の質問に対する答えを書き出してほしい。

1. あなたにとって、幸せで深くつながり合った家族関係とは何か？
この人たちとの関係を深めるために、あなたがしなければいけないのは何か？

2. あなたにとって、幸せで深くつながり合った友情とは何か？
この人たちとの関係を深めるために、あなたがしなければいけないのは何か？

3. あなたにとって、幸せで深くつながり合った親密な関係とは何か？
この人たちとの関係を深めるために、あなたがしなければいけないのは何か？

4. あなたにとって、幸せで深くつながり合った仲間／同僚関係とは何か？

この人たちとの関係を深めるために、あなたがしなければいけないのは何か？

このワークはシンプルながら、真剣に取り組めば、非常に効果的な結果をもたらす。私はシェーンにも同じワークを行った。

幸せな家庭生活とは何かと尋ねると、彼は楽しさ、信頼性、分け合うこと、楽観性、熱意を持ったサポート、自分がリスクを負って新しい経験をすることに対して両親が積極的に受け入れてくれることと定義した。

この答えに両親は驚いていた。シェーンのしたことに驚いたのではなく、息子が理想とする家庭生活の実現に自分たちがいかに気づかなかったかに驚いたのだ。

シェーンは10代に入り自立を表現し始め、両親もまた自分たちが家族の楽しい外出や冒険旅行をやめてしまった事実に気づいた。シェーンの学校生活に関心を示したものの、彼が何者になりつつあるかについて、熱意を持ったサポートはしていなかった。

結局のところ、シェーンの幸せな家族像を理解していれば、よりよい親になる手助けができたはずだった。

友達について話し合った際、シェーンはもっと積極的に関わってくれて、自分たちのコミュニティ以外の世界に好奇心を持った友達がほしいといった。彼は、多くを分かち合い、冒険的な友情が欲しかったのだ。

そこで私は、彼がそれを数少ない今の友達に伝える意志があるか、そして新たな友情を始められるか尋ねてみた。

その後、シェーンは自分と似たような趣味を持つ友達を探し、2人の教師に精神的な支えを依頼し、自分より下の学年の生徒には積極的に手助けした。学校で友情を作る過程で、彼は物事に関心を持つ幸せな男になったのだ。

私はこう考えるようになった。**自分にとって理想的な関係について、常に相手に伝えるべきだ**と。それを知っていれば、相手はあなたとうまくつながる自信が持てるようになる。もちろん、あなたとの理想的な関係はどんなものかをあなたも相手に聞くといいだろう。

理想的な人間関係をデザインすることは、とても簡単だ。相手が私たちとの関係から何を望むかを尋ね、相手にも自分の望みを伝えるのだ。

実践方法2——相手にポジティブな投影をする

偉大なる教師や幸せな結婚をしている夫婦は、共通して知っているものがある。相手に最高の生徒やパートナーでいてほしいなら、彼らの最高の部分に目をやり、最高の彼らを期待しなければいけないということだ。

これは、あらゆる真理の中でも最も強大なものである。相手にポジティブな特徴や期待を投影すれば、ポジティブな特徴により気づくようになるばかりでなく、相手もそれに応えてくれるようになる。

しかし問題は、人は過去に傷ついた経験があるため、他人のトラブルを探し始めることだ。ネガティブなレンズを通して世の中を見るという行為は、想像をはるかに超えた悲劇的な結果が待っている。

期待に関する有名な研究がある。子どもたちを2つのグループに分け、1つのグループには賢くて能力があるといい、もう1つのグループにはその反対を伝えるという実験だ。どちらのグループが、よい成績を出し、自分に自信を持ち、より成功し、数十年後により幸せになっているだろうか。

当然「ポジティブな投影」をされたグループだ。ポジティブなものに目を向け、それを生徒に投影すればするほど、生徒はその期待に向かって生きるようになる。

これは、子どもだけに当てはまるわけではない。世界で最も幸せな結婚をしている夫婦たちは、お互いを賢明で能力が高く、思いやりにあふれ、善意に満ちていると見ている。

このように、ポジティブな投影がもたらす最も効果的な結果は、他の人を障害やライバルと思わなくなり、その代わりに人生における大切な相手とみなすようになることだ。

つまり、相手の個性を認め、尊重し、長所を見て、善良で慈悲深いところが、相手の人格の一部であると信じている。

ひと言でいえば、愛があるのだ。

当然ながら、衝突は起きるものであり、愛する人たちの長所を常にポジティブに投影するのは難しい。そのために、まずあなたに実践してほしいのは、**批判の5倍、人を褒めるよう目指す**ことだ。

人を批判する皮肉屋ではなく、応援できるチアリーダーになろう。あなたの人間関係を永遠に変えるはずだ。

実践方法3——「成長の友」を作る

世界中の人々が、つながりと幸せの感情が生まれる主たる源は家族や恋人などの親密な関係であるとしている。2番目の源は友情であり、人生で友情をいかにして活性化できるかを考えることは非常に価値がある。

さまざまな研究の結果、友情を基盤とした自分に最も近い人間関係の質が、安定性、気分、向上心、感情、成長、人生における満足度において最も重要な要素であるということがわかってきている。

しかし、平均的なアメリカ人は、親友といえる存在はわずか1人か2人しかいない。ほとんどの人が、誰も自分のテーブルに招き入れないのだ。これは不幸だが、どうすれば人生の満足度をすぐに上げられるかというヒントがそこにある。

あなたの友達を思い浮かべて、次の質問に答えてほしい。

1. 本物の友達は何人いるだろうか？
2. どのくらいの頻度で彼らに会うだろうか？
3. どのくらいの頻度で彼らと話すだろうか？
4. 5点満点評価で、彼らはあなたをどの程度知っているだろうか？
5. 5点満点評価で、彼らはあなたの夢をどのくらい励ましてくれるだろうか？
6. 5点満点評価で、彼らはあなたがよりよい人間になるよう、アドバイスやインスピレーションをどの程度与えてくれるだろうか？
7. 5点満点評価で、彼らと一緒にいるときあなたはどのくらい楽しめるだろうか？

あなたの答えは、最も近しい友達に関することを明確に教えてくれる。また、友情がどのくらいなのかを正確に測定できる。

満たされた人生を生きるために必要な答えは、次の通りだ。

1. 4〜12人。
2. 彼らのうち、少なくとも毎月1人に会わなければいけない。
3. 複数の親友と最低でも週1、2回は話さなければいけない。
4〜7. すべて5点満点でなければいけない。

これを達成できないと感じるのなら、私はあなたのコーチとして率直にいわせてもらおう。正直、あなたは自分の人生について、真剣にもう一度考える必要がある。「家族は選べないが、友達は選べる」という古い格言は真実を語っている。今こそ、この言葉を心に刻むべきときがきたのだ。あなたが自覚しているエネルギーや可能性のレベルにまであなたの人生を押し上げてくれる、素晴らしい友達の中に身を置くという選択を、今日から戦略的に選ぶべきなのだ。

そうするために、今後は誰と一緒に時間を過ごすかという、難しい選択をあなたに迫ることになる。あらかじめ警告しておくが、けっして楽しいワークではない。

具体的には、自分の友達を分類してもらい、人生で深い人間関係を築いていくのはどの友達かを判断してもらう。1行に1人ずつ、あらゆる友達の名前を書き出す。ここには、小学校のときの友達や高校、大学、職場、地域、趣味などの友達も含まれる。

次に、（a）彼らの何をもとに友達として選び、好きになったのか、（b）その人とまだ友達でいる、またはもはや友達でない理由は何かをまとめる。

すっかり忘れていたり疎遠になったりした旧友をたくさん思い出すだろう。実はこのワークから得られる恩恵には、何人かの旧友と再び関わり合うようになるかもしれないという点も含まれているのだ。

さあ、友達リストが完成したら、彼らを3つのバケツに振り分けていく。

「旧友」「維持友」「成長の友」の3つだ。

「旧友」というバケツに入れるのは文字通り、過去に友達だった人で、もはや連絡を取り続けるつもりのない人たちだ。

大切なのは、現在の友達の一部もこのバケツに入れると決意すること。あなたの現在の人生において、本当はもう親しくしたいとは思わない友達が何人かいると思うからだ。過去に置いていくことは難しいかもしれない。しかし彼らは、あなたが心の中で永遠に感謝する人たちではあるが、あなたの将来において重要な役割を演じはしない。

2つ目のバケツは「維持友」だ。

彼らは、あなたが今後の人生でずっと維持していく友達だ。「維持友」は、人生で友達になれた事実にあなたが感謝しており、今後も時折近況を知りたい相手で、今も年に数回、バースデーカードやクリスマスカードなどの手紙、電子メールを送っている人たちだ。こうした条件に合う人の横には、「維持友」の印をつける。

そして、彼らを思い出すたびに、「ああ、この人ともっとちゃんと連絡を取り合うようにしなければ」と考えるのだ。

しかし、「維持友」への罪悪感を抱く必要はない。心のファイルに彼らが「維持友」であると書き留め、年に数回、誕生日や休暇のときなどに連絡する喜びを味わおう。

3つ目のバケツは「成長の友」だ。

これはその名が示す通り、あなたが積極的に関わり、一緒に成長し、あなたの人生を共に活性化してくれる人たちだ。

私にとっての「成長の友」とは、少なくとも月に一度は話す人たちだ。週末一緒に出かけ、行ったことのない都市や国に旅行に行くなど冒険を一緒にする相手だ。

「成長の友」は、あなたの人生における精神衛生や精神的エネルギーにとってこのうえなく重要な存在だ。彼らは、一番親しい心の友となり、冒険のパートナーとなり、そして子どもの名づけ親になってくれる人たちなのだ。

あなたの「成長の友」は、最低でも10人リストアップしてほしい。ただし、友情とは量ではなく質である。

しかし、より多くの「成長の友」を持つことは、あなたの人生を盛り上げるために新しさやつながりを加えるはずだ。

最後に、「成長の友」を育む方法は1つ、あなたが人生で得たい人間関係のタイプを手本とすることだ。愛が欲しいなら、あなたが最高に愛に満ちた人間になろう。本物の人間関係が欲しいなら、喜びや思いやり、熱烈なほどの関心を持った友達にあなた自身がなろう。

あなたも「成長の友」を手に入れられると私は信じている。あなたには、自分の周りにいる人たちと、思いやりに満ちた人間関係を手にするだけの価値があるのだ。

◆満たされた人生にするためのポイント◆

1. より幸せで深い人間関係を人生に構築するために、私が今すぐにできる5つは……

2．パートナーや恋人に対しうまくポジティブな投影ができたら、まず初めに褒めようと思うことは……

3．現在、または将来できる「成長の友」と育むのは……

第2部

前進するための5つの行動意欲

〜変化、挑戦、自由な表現、貢献、意識

郵 便 は が き

料金受取人払郵便

牛込局承認

3052

差出有効期限
平成28年 5 月
31日まで

162-8790

東京都新宿区揚場町2-18
白宝ビル5F

フォレスト出版株式会社
愛読者カード係

フリガナ お名前	年齢 歳 性別（ 男・女 ）
ご住所 〒 ☎ （ ） FAX （ ）	
ご職業	役職
ご勤務先または学校名	
Eメールアドレス メールによる新刊案内をお送り致します。ご希望されない場合は空欄のままで結構です。	

フォレスト出版の情報はhttp://www.forestpub.co.jpまで!

フォレスト出版　愛読者カード

ご購読ありがとうございます。今後の出版物の資料とさせていただきますので、下記の設問にお答えください。ご協力をお願い申し上げます。

●ご購入図書名　「　　　　　　　　　　」

●お買い上げ書店名「　　　　　　　　　　」書店

●お買い求めの動機は？

1．著者が好きだから　　2．タイトルが気に入って
3．装丁がよかったから　　4．人にすすめられて
5．新聞・雑誌の広告で（掲載紙誌名　　　　　　）
6．その他（　　　　　　）

●本書についてのご意見・ご感想をお聞かせください。

●ご意見・ご感想を広告等に掲載させていただいてもよろしいでしょうか？

□YES　　□NO　　□匿名であればYES

第7章

5つの「前進するための行動意欲」とは?

「人生の目的は、より賢く、自由で、輝く存在になることを目指して、意識的に、意図的に進化することだ」

——トム・ロビンズ

人生の大きな目標に向かう5つの行動欲求

第1部で紹介してきた5つの「基本的な行動意欲（コントロール、能力、一致、思いやり、つながり）」は、満たされた人生に影響をもたらすことは間違いない。感情を抑制できず、物事を理解できず、一貫性に欠け、誰からも愛されず、他人とのつながりが希薄な人の人生は惨めなものだ。

自分の人生の手綱を握り、世の中を理解する能力を持ち、理想の自分を体現し、人に愛され、自分自身と他人にきちんと向き合っていると自覚している人は、自分の人生が満たされていると感じている。

「基本的な行動意欲」があれば、安定性と愛を求める基本的な生物学的欲求の多くが満たされ、自分自身のことも他人のことも理解しているという自覚が生まれる。

しかし、快適さと幸せを感じるだけが人生じゃない。自信や活力、充足感も必要だ。それらを手に入れるには、志を掲げ、まったく別の行動意欲とモチベーション——すなわち、**「前進するための行動意欲（変化、挑戦、自由な表現、貢献、意識）」**をかき立てなければならない。

「基本的な行動意欲」は、生き生きした人生というマウンドに立たせてくれるが、ホームランを打たせてくれるのは、「前進するための行動意欲」だ。これがあれば、創造性を活かした積極性から超越した感情の体験まで、人生の大きな目標に向かって思い切りバットを振ることができる。

ただし、「前進するための行動意欲」は、「基本的な行動意欲」とは別物ではなく、次元が高いともかぎらない。この本では、あなたにわかりやすいように、「10の行動意欲」を個別に取り上げているが、これらは常に関心と刺激をめぐって競い合いながら、私たちの心の中に共存している。

つまり、すべての意欲はつながっているのだ。

「基本的な行動意欲」に比べると少々手ごわい、この「前進するための行動意欲」について、知っておくべき点が3つある。

1つ目は、「基本的な行動意欲」は、あなたに安心感と安定感をもたらすが、「前進するための行動意欲」は、**あなたに喝を入れ、最後に満足感をもたらしてくれる**ということだ。

たとえば、他人に「あなたの人生には、愛と人とのつながりがもっと必要だ」といい聞かせるのは割と簡単だが、相手に変化と挑戦を強《し》いるのは難しい。

誰もが、自分は絶え間ない変化と挑戦に悪戦苦闘していると思っているので、それ以上の苦労を喜ぶわけがない。この先を読み進めれば、苦労の多い現実も、今後の取り組みもいかに大変かもわかるだろう。

2つ目は、「基本的な行動意欲」に比べて、「前進するための行動意欲」は、**未来に焦点を当てている**ことだ。

たいていの人たちは、ほとんど何も意識せずに思考を瞬間的にコントロールし、新しいことを覚え、一貫性のある生活をし、困っている人に手を差し伸べ、身近な人間とつながることができる。

しかし、これらを土台にして前進したいなら計画が必要だ。

たとえば、誰かの役に立ちたいと思ったら、自分の将来の生活と自分が遺せるものについて、じっくり考えなければならない。生活の改善点や将来挑むべき課題を探す際にも、たくさんのビジョンを集めなくてはならない。

しかし、この先を読めば、「前進するための行動意欲」が、胸躍る刺激的なものに感じられるはずだ。

３つ目は、「前進するための行動意欲」には、**大胆さが必要**なことだ。自分には不可能だという思い込みを打破し、小さな不安や抵抗感を克服し、意識を超越して大きな存在とつながらなければならない。これは、あなたの人生で最も重要な取り組みとなるだろう。

この「前進するための行動意欲」は、第１部で紹介した「基本的な行動意欲」より次元は高いが、どれもみな重要で１つも外せない。どれか１つでも欠ければ、人生の幸せは泡《あわ》となってしまう。

「10の行動意欲」すべてを理解し、マスターするのは大変かもしれないが、大変な挑戦に臨むことが、生きている自信と実感を得る最も確実な方法なのだ。

第8章

変化に対する行動意欲

「変わることをやめたら、人生はそこで終わってしまう」

――ブルース・バートン

空港で出会った太った男の気づき

「自分を変えることなんて無理ですよ。生活が狂っちゃいますからね」

空港で私の隣に座っている男性は、何万人という社員がいるグローバル企業に少人数のグループで乗り込み、最新で高性能のソフトウエアとシステムを売り込んでいる人物だった。第一印象では、この男性は何不自由のない暮らしをしているように見えた。そこで、こんな質問を投げかけた。

「生活面で何か不満なことはありますか？　あなたの理想の人生の実現を邪魔するものは？」

彼は肩をすくめ、何げない口調でこういった。

「私はね、最新で高性能のテクノロジーを活用して、何万人もの労働スタイルを一変させているんです。なのに、自分の食生活は変えられない。どんどん太り続けてもそのまんま。女房は日に日に不機嫌になっていくし。生活を根っこから変えなきゃ、退屈で孤独で惨めな晩年を送ることになるでしょうね」

彼は敗北感に満ちた目で私を見た。

「もともと頭はよいんですがね。計画を立ててがんばろうと思うけど、うまくいかない。正直いって、生活をどう変えてどうがんばればいいのか、さっぱりわからない。私にとって、変化はまさに絵に描いた餅《もち》ですよ」

この男性は変化を起こすプロセスを理解していないという訳ではない。きっと彼は理解している。なにせ他人に新しいシステムを売り込むことができるのだから。

でも、これが私生活となると勝手が違う。問題は、彼が変化に対する行動意欲というものを理解していないことだ。

私は初対面の相手でも話を合わせない。お互いに大胆で生き生きした最高の人生を送るために、戦いの雄叫《おたけ》びを上げる。彼の話を聞いて、私の応援したい気持ちに火がついた。

「たしかに太っていらっしゃる。それじゃあ人生、面白くないでしょう。奥さんだってウンザリだ」

彼の笑い声を聞いて私も微笑む。そしてグサリととどめを刺した。

「それでも頭がよいですって？　どこがでしょうねえ」

そこで口を閉じ、相手の目をじっと見据えてわざと気まずい間を作り、彼の闘争心、もしくは逃走心が現れるのを待った。

「いや、その、ううむ、つまり、私がいいたいのは……」

私は彼を安心させるためににっこり笑い、秘密でも明かすようにいった。

「私は単なる通りすがりの者ですし、これからお話しすることはあなたにとって耳の痛いことかもしれません。でもこれは、あなたの内なる声を代弁したものです。いいですか、よく聞いてください。あなたの頭がよいなんてウソです。頭のよい人なら、仕事だけでなく、自分の健康と生活と奥さんにも同じくらい気を配ります。関心と意志を注げば、望む変化を実現させられるはずです。あなたは優秀なビジネスパーソンだ。今、私の隣に座っている人より勇敢な男があなたの心の中に眠っているはずです」

彼は予想通りの反応を見せた。姿勢を正して首を縦に振った。

「まさにあなたのおっしゃる通りだ」

「ええ、そうです。じゃ、ちょっと一緒に考えてみましょうか。あなたが売り込んでいるのは大がかりな改善プログラムだとおっしゃいましたが、実際にどれくらい大がかりなんですか?」

「そりゃもう巨大な規模ですよ。根本から改善するんですから」

「なるほど。では、そのリサーチとプランの策定はどの程度します?」

「あらゆることを想定して徹底的にやります。うちのリソースは膨大でね。重役に代わって部下にメールも出します」

「そうですか。それで、その改善にはどれくらいの期間がかかりますか？　1カ月とか2カ月とか？」

「いえいえ。すべて終わるまで平均8カ月から10カ月ほどです。それでも早いほうですよ。以前は18カ月かかりましたから」

私が彼の顔を賞賛の眼差しで見つめたとき、彼はピンときたようだった。

「いやー、わかりました。根本からの改善。徹底的な計画。精いっぱいの努力。私は私生活に別の観点から取り組む必要がある。そうおっしゃりたいんでしょ？」

「そうです。大がかりな変化を成功させる仕事と同じように、健康も根本的な改善に力を入れてください。スナック菓子の量を少し減らすくらいじゃ意味がないし、面白くない。あなたはうわべと違い、自分の健康や身近な人たちに対して思慮深く、強く、ひたむきな人です。あなたにはもっと可能性があるはずだ」

彼の目に決意の光が見えた。

「まったくもう、私は今まで何をやっていたんだ」

私は彼の肩をポンポンと叩き、うなずきながら真剣な目でこういった。

「心配いりませんよ。もう何をすべきかご存じだ。お宅に帰ったら、自分の健康をチェッ

クして奥さんに惚《ほ》れ直させましょうよ。奥さんのために変身して喜ばせてあげてくださ
い。がんばって」

私たちは皆、人生には変化が必要な場面があることを知っている。しかし、大半の人は、変化が絶え間なく繰り返される生活に押し流され、さらなる変化に取り組む気になれない。それでも、私たちの内なる心は変化を求めている。

この変化に対する行動意欲は、安定・自己認識・愛情に対する生物学的欲求から生じる5つの「基本的な行動意欲」と種類が違う。脳にある高い情報処理能力と前向きな姿勢が求められる、より高次の意識から生まれるものだ。

だからこそ行動に移すことが難しいが、その分、大胆に決然と未来に踏み出す強力な手助けになる。変化に対する行動意欲を第2部の最初の項目に挙げるのは、こうした理由があるからだ。

人生経験と知恵は、新たな努力、人との交流、失敗、成功を繰り返して少しずつ増えてゆく。そのたびに私たちの価値も、行動も、夢も変化し続ける。

私たちは変化に慣れなければならないのだ。人生をコントロールしたいと思ったら、変

化についてじっくり考え、果敢に実践することだ。そうすることで、安定感とワクワク感、幸福感と強い使命感が同時に得られるはずだ。

変化は夢にたどり着くための唯一の道である。夢をつかむには、目的地を目指してその道を歩いて行かなければならないのだから。

実践方法1——失う変化ではなく、得るものがある変化を起こす

重要なのは、変化に対するあなたの考えを見直すことだ。活気のない退屈な変化のない毎日ではなく、ワクワクするような変化がなければ、人生は楽しくないからだ。

私たちのハングリー精神と野心はどこにいってしまったのだろう。夜はぐっすり眠れたとしても、明るい未来を夢見て寝そびれるような夜はない。そもそも夜に夢を見る人は、昼間夢見ることをあきらめた人だ。目的地にたどり着くために必要な変化を起こす気力を失ってしまったのだ。

人が変化を恐れ、なんとしても避けなければならない苦痛の種だと考える理由は、数え切れないほどあるだろう。

しかし、私は10年以上も他人の人生に変化を与える仕事を続けてきて、次のことに気づ

いた。

人は、変化など少しも恐れていない。むしろ、大半の人が意識して変化を応援している。実は、恐れているものは、変化がもたらす結果、あるいはもたらさない結果である。つまり、恐怖の正体は不安なのだ。


人が変化を恐れるのは、3つの不安が伴う。

変化を恐れる1つ目の理由は、**失うことに対する不安**である。

人は変化を起こしたり、変化を受け入れたりしたとたん、失うものがすべて惜しくなる。たとえば職場の上司に、役職の変更と別の部署への異動を告げられたとしよう。それを聞いたあなたの心の状態は、「好奇心」「楽観」「失うことに対する恐怖心」の3つのどれかに違いない。

もし恐怖を感じたなら、あなたの頭の中は、快適なオフィスを失うこと、この部署で一所懸命努力して手に入れた権力を失うこと、大好きな人たちと一緒に働く機会を失うこと、やるべき仕事に自信を失うことでいっぱいだろう。すべてのダメージは、この「失うことに対する不安」から生まれるのだ。

変化を恐れる2つ目の理由は、**プロセスに対する不安**である。

役職と部署の変更を告げられたあなたは、オフィスの荷物をまとめ、同僚たちに別れを告げ、異動先で必要な新しいスキルや手順を学習するという不安を覚え始める。しかも、これから新しい環境に慣れなければならない。

しかし、変化に必要な苦労にばかり注目するのではなく、これから始まる新しい体験と人間関係を頭に思い浮かべるべきなのだ。

今度の部署で新しく出直して得意分野の腕を磨こう。前よりも積極的な人間になろう。周りの人たちと楽しい友達づき合いをしよう。とにかく期待を高く持とう。そうすれば自分の役割を全うし、部下も大切にできると……。

でも残念なことに、この楽観的観測は、変化を恐れる3つ目の理由、すなわち、**結果に対する不安**のせいでなかなか長持ちしない。

あなたはこんなことを考える。

「変化で得るものがあることはわかった。そのプロセスも楽しめて十分に活用できるものかもしれない。でも、この変化が裏目に出て、効果が出なかったり状況が悪化したりしたらどうしよう」

結果に不安を抱くのは、変化によって状況がよくならないことを心配しているからだ。変化に恐怖を感じるのは当然である。

しかし、あなたは変化を受け入れることもできれば、避けることもできる。人生を意識して前向きにとらえることもできれば、得体の知れない恐怖に身を任せることもできる。

選ぶのはあなた自身なのだ。

変化に対して、もう1つ大事な注意点がある。それはすなわち、失うこと、プロセス、結果——この3つに対する不安が私たちの心に生まれるのは、外部の力によって変化がもたらされるときだけとはかぎらないということだ。

自ら選んで変化を起こしても、こうした不安は湧き上がる。

たとえばあなたが、自分の健康を改善しようとしたとしよう。この決意をしたのは他でもない、あなた自身だ。

あなたはこう考える。

「ダイエットをするために食事に気を使おう」

しかし、あなたがどんなに張り切っても、失うこととプロセスと結果に対する不安が心のどこかで頭をもたげるだろう。だから、それに反撃する準備を整えておかなければならない。

こうした不安に対抗できる力をつけるには、**変化に必要な苦しい努力に目を向けるのをやめ、その変化から得られる楽しい体験に注目する**ことだ。

いつもと違う食事を用意する手間暇《てまひま》を心配する代わりに、あなたがこれから手にするであろう新しい体験の数々を考えるのだ。

エネルギーを高めてスタミナを増強させる新しい方法を学ぶこと、美味しい食事を手早く安く作る方法を学ぶこと、友人や家族とレシピを交換すること、健康的でしゃれた手作りのオードブルでお客を喜ばせることなどに意識を集中させるべきだ。

心の中で繰り返しこう唱えよう。

「変化は、新しい体験と新しい学びと新しい力をもたらしてくれる」

変化を楽しめるようになれば、あなたはもっと生き生きした人生が送れるはずだ。

実践方法2――明確な目標を持ち、大きく大胆に考える

人生の邪魔をするのは、変化に対する恐怖心と、変化を受け入れていいものかどうかわからない不安である。こうした感情的な問題より、戦術的な問題が障害になることも多い。単に明確な目標と向上心に欠けているからだ。

もちろん、誰もが人生の目標を自覚しているわけではない。しかし、変化する毎日がなければ、変化がないぶん、誰もが自分が何を成し遂げようとしているか迷うこともないだろう。でも残念ながら、それは夢物語だ。

生活に何か変化を起こすには、まず自分の目標に対して明確で詳細なビジョンを持たなければならない。そして、目標を見つけるには、すべきことを選ばなくてはいけない。

ただし、選ぶためには選択肢がたくさん必要になる。目標を見つけるには選択肢を持つことであるが、ここで多くの人たちが挫折してしまう。つまり、どんな選択肢があるのかわからないから自分が何を求めているのかはっきりせず、当然ビジョンなど持てないのだ。だから、目標を見つけるには、リサーチして選択肢を挙げなければならない。十分な選択肢ができたら、自分に合うものを選び、自信を持って前に進むしかない。

このとき最も重要なのは、どんな困難が待ち構えていようともあきらめずに努力できるような、**心から望む変化を選ぶ**ことだ。

心から望む変化とは、私生活も仕事も、そして世界をも変えるような、大きくて意味のあることをしたいという深くて強い欲求から生まれるのである。

ここに世界に変化をもたらした1人の人物がいる。彼はアメリカという国を変えた男だ。

私たちは月に行く選択をしました。今後10年間に月に到達する選択をしました。

容易なことだからではありません。むしろ困難なことだから選択したのです。その目標が私たちの最善の努力と技術を体系化し、評価するのに役立つからです。そしてこの挑戦は、私たちが受け入れることを望み、先延ばしすることを望まないものであり、私たちにとっても、他の人たちにとっても、勝利を目的とするものだからです。

たしかに、この選択には膨大な費用がかかります。宇宙計画に関する支出はやがて上昇するでしょう。この計画が我が国の最優先事項に据えられているからです。それでも、どんな結果が私たちを待ち受けているのかわかりません。だから私は、これを信念とビジョンの証《あかし》ともいえる行為だと考えているのです。

しかし、国民の皆さんにあえて申し上げますが、私たちがヒューストンの管制センターから24万マイル離れた月へ送り込むものは、高さ300フィート以上、幅はこのフットボール場ほどの巨大なロケットで、これまでの何倍もの熱と圧力に耐えうるような新しい金属合金でできています。

この素材を最高級時計以上に精密に組み合わせ、推進・誘導・制御、通信に必要なあらゆる装備と、食糧や非常用装備を積み込み、未知なる天体を目指す飽くなき宇宙飛行を続けさせるのです。そして、今日のこの場の暑さにも負けない、太陽の温度の半分ほどの熱を生じた船体を、毎時2万5000マイル以上の速度で大気圏へ再突入させ、無事に地球へ帰還させます。

10年以内に、これをすべて寸分の狂いもなく、最優先で行うのです。ですから、私たちは大胆にならなければいけません。

昔、エベレストで命を落としたイギリスの偉大な登山家、ジョージ・マロリーが、なぜエベレストに登りたいのかと訊かれてこう答えました。

「そこにエベレストがあるからだ」

そこに宇宙があります。だから私たちは登るのです。そこに月と惑星があります。そして、英知と平和に対する新たな希望があります。だからこそ私たちはこの門出に際し、人類初のこの危険に満ちた偉大な冒険に対する神のご加護を願うのです。

——大統領ジョン・F・ケネディ、1962年9月12日

あなたは人生を変えたいと思っているだろうか。

本当にそう思っているなら大胆になろう。自分の月を見つけよう。自分も周りの人たちも想像できないほど大きくてワクワクすることを追いかけよう。

行動を起こし、いろいろなことを試し、失敗し、立ち上がり、また失敗し、ばつの悪い思いをしながらまた試し、さらに失敗してまた立ち上がり、にっこり笑って前に進み続ける——そんな勇気を持とう。勇気があればできる。そしてこれが、あなたの心に燃料を注ぎ、人生のテイクオフを実現させる、変化を起こす唯一の方法なのだ。

実践方法3——自分が望む正しい選択をする

明確なビジョンに向かって進むには、その過程で、自分の望むことと望まないことを

はっきり意識しておかなければいけない。何か新しい試みを始める前に、正しい選択をしなければならないのだ。

ここで、私の自己啓発プログラムで活用している、「これ・それルール」というツールを紹介しよう。このツールの目的は、あなたが望むこと（これ）と望まないこと（それ）を明確な言葉で表すことだ。

次の文章を完成させれば、正しい選択ができるようになるはずだ。

1. これは望む、それは望まない
2. もっとこれをしよう、もうそれはやめよう
3. これが起こったら、それをしよう
4. いつもこれを選ぼう、それは外そう
5. これは今しよう、それはあとでしよう

1. これは望む、それは望まない

何か計画する前に、自分の望むことと望まないことについて、一点の曇りなく把握しておかなければならない。

2. もっとこれをしよう、もうそれはやめよう

求めていた目標に到達するには、始めなければいけないこと、続けなければいけないこと、そして、やめなければいけないことがある。何を始めて何をやめるのか明確にしておくことは、勝利への道筋を決める際に絶対に必要だ。

3. これが起こったら、それをしよう

従来の行動に新しい行動をつける、いわゆる「習慣のあとづけ」だ。

わかりづらいかもしれないので、例を挙げよう。

私のクライアントに、3人の子持ちで自宅勤務中の痩《や》せたいと思っている女性がいた。彼女はダイエットとエクササイズを実践しているが、結果を出すのが無理そうだった。こんなとき私が最初にするのは、彼女の今までの日常生活と習慣を把握することである。そして、その古い習慣に新しい習慣を「あとづけ」する。

たとえば、彼女が夫と毎日交代で子どもたちを学校へ送って行くことがわかったとしよう。彼女にエクササイズの習慣を身につけさせたいと思ったら、「子どもの送迎」という習慣に「エクササイズ」をくっつけるようアドバイスすればいい。

子どもたちを学校まで送ったら［これ］、そのままジムに直行する［それ］。

これが彼女の新しいルールになる。

古い習慣に新しい習慣をつけることは絶大な効果をもたらす。変化に関する計画を立てるときは、古い習慣にどんな新しい習慣をつけるか、しっかり考えなければならない。

4．いつもこれを選ぼう、それは外そう

このルールを活用すれば、こうした困った状況のときに参考にできる基本ルールができ上がる。

・いつも夢中になれるもの［これ］を、短期的利益［それ］より優先しよう。
・いつもサラダ［これ］を選んで、フライドポテト［それ］はやめておこう。
・子どもたちとゲームをして遊ぶこと［これ］を大事にして、あいまいなビジネスチャンス［それ］はあと回しにしよう。

こうしたルールは、考えて書き出すのがとても楽しい。なぜなら、人間が持つ最も高いモラルと品性を自然に呼び覚ますからだ。

5．これは今しよう、それはあとでしよう

人生の選択のほとんどが、「今かあとか」のジレンマに陥る。こうした事実を認識せず、ルールもないと行動のタイミングがつかめない。

・これから5年間は自分で会社を経営しよう［これは今］。そして少しずつ他人に任せ、

子どもたちが10歳になる7年後には完全に経営から手を引こう［それはあと］。
・今週から週に1度、有酸素運動をやろう［これは今］。そして4週間が過ぎたら、筋力トレーニングを追加しよう［それはあと］。
・今年は2週間の休暇を取り、家族と過ごそう［これは今］。そして来年はもう2週間休暇を伸ばそう［それはあと］。
これらは単純で短い例である。自分のルールを作るなら、じっくり時間をかけて考え、ノートにたくさん書き出してほしい。そして、月に1度は見直して書き直すのだ。

◆満たされた人生にするためのポイント◆

1．失うこと、プロセス、結果に対する不安が原因で、これまで踏み出せなかった大きな変化は……

2. これまで実現できたはずの明確で大胆な変化は……

3. 明確で大胆な変化に活用できる「これ・それルール」は……

第9章

挑戦に対する行動意欲

「臆病者は本当に死ぬ前に何度も死ぬ。勇者が死を味わうのは一度きりだ」

――ウィリアム・シェークスピア

▼ハリウッド大スターに挑戦をけしかけたら……

「そんなリスク、冒せない」

私が話している相手は大スター。既成概念の枠を超えて音楽界とテレビ界でキャリアを築き上げた人物だ。

彼女は、自分でプロデュースしたいと考えている新しいテレビ番組について1時間ほど熱い口調で語り、「これまでのテレビの常識を変える」ことになるといった。

私は彼女をたちまち好きになった。夢中になると我を忘れてしまう人を見るのが好きなのだ。彼女は、私を彼女に紹介してくれた友人と話していた。

「リスク?」

「そうよ。あなただって、ハリウッドでの評判は、この前の番組で上がったんでしょ?

リスクを冒して今度の番組がヒットしなかったら、私は終わりだもの」

「本当にそうですか？　映画やテレビじゃ、スターやディレクターの失敗なんてよくあるようですが。そうでなかったら、『誰それがついにカムバック』なんて話題、こんなにしょっちゅう出ませんし」

「ええ、まあ、みんなそう思うでしょうね」

彼女はそういって、レモネードをひと口飲んだ。

「でも、カムバックしたって煮え湯を飲ませられる仲間も大勢いるのよ。何でも鵜《う》呑《の》みにしちゃ駄目よ」

自分の務めを果たしたいと、私の心がうずいた。この女性にこういってあげたい――リスクを恐れず自分の情熱に正直になれば、今よりずっと楽しくて充実して生き生きした人生を送れますよと。でも、彼女は超がつく有名人。しかも私はコーチとしてではなく、客として招かれた身だ。

彼女は、私たちを引き合わせた共通の友人相手に何げなく別の話題に移ったが、私の頭の中は彼女がいったことでいっぱいだった。そしてついに、我慢できずに切り出した。

「お話し中、すみません。どうしても気になったことがあるものですから。それをいわないと自分が許せないし、あなたの良い友人にもなれそうにありません」

私は彼女の目をまっすぐ見て続けた。

「私は、自分のプロとしての才能と情熱に傷がつくのを恐れて妥協するくらいなら、焼け死んだほうがマシだと考えている人間です。きっとあなたも同じでしょう。だからいわせてもらいます。負けてはいけません。自分の情熱に従ってください。番組を成功させましょう」

私の真剣な様子を見て2人が笑い出した。彼女の笑いは「なんてピュアでかわいい青年なの」というものだった。

「私のいうことは間違っていないはずです。だってあなたは丸1時間、その番組のアイデアについて夢中になってお話しなさっていたでしょう？　がんばってみたらどうです？　それ以上、何を証明する必要があるんですか？」

「あのねえ、何かを証明するとかの問題じゃないの。私、名声はもう手に入れているんだから。これはね、最近の仕事には頭を使わなきゃいけないってことなの。いつかきっと私にも、自分のしたいようにできる日がくるでしょうけど、今は、このプロジェクトをしばらく棚上げにしておくわ」

今日のこのせっかくの楽しいランチタイムを台なしにしたくない。彼女には何百万人ものファンがいて、私も彼女の仕事ぶりが大好きだ。でも、一貫性のある生き方をしなければ私ではない。勇敢な人間にならなくては……。

「『きっといつか症候群』ですか。重症ですね」

2人がびっくりした顔で私を見た。私は顔をそむけたが、それは「してやったり」の二ンマリ顔を隠したかったからだ。

「いつか夢をつかむといってはばからない人間と同じで、あなたの『いつか』もあてになりませんね。他にも間違っていますよ。あなたには証明すべきことがあります。自分が有能であること、妥協などしない人間であることを証明すべきではありませんか？　みんなの『あこがれの的』や『伝説』と呼ばれる人たちは、逃げ道を作ったりしませんよ。それに、人のいいなりになどならない、自分の夢を安売りしない、まっすぐな人間であることを自分自身にも証明しなくては。人生にリスクはつきもの。人生は試練に揉《も》まれて生きていくことです。それが嫌だという人の行く末は、存在を忘れ去られたジャンキーだ。あなたはそんなの、ごめんでしょう？」

私がからかうようにニヤリと笑うと、彼女はまた笑い声を上げた。

「わかったわかった。アーティストに向かって、限界を超えろとか、持っている才能に気づけとか、達成感を味わえとかお説教するのはやめてね」

彼女の気を悪くせずに済んだことは、その口調からわかる。でもその後、彼女は私にドキリとすることをいった。

「でも、あなたにやれといわれたからやってみて、それで失敗したらどうするの？　あなたがどんな責任を取ってくれるの？　自分の名前や評判を担保に入れないで他人をけしかけるのは簡単だわ。新聞の一面でこき下ろされるのはあなたじゃないんだから」

たしかに大問題だ。でもこのひと言で、私はますます彼女のことが好きになった。

「おっしゃる通りです。私は部外者だし、それほどの名声に伴うものを背負うことがどういうことか想像もつきません。でも、いわせてください。

もし、あなたがその番組にチャレンジして失敗したら、私はショックを受けるでしょう。なぜなら、あなたのプロとしての才能に傷がついたように、私の才能にも傷がつくからです。人が夢に向かうことを応援し、その意欲をかき立てること、それが私のプロとしての才能です。となると、私もこの件の関係者だ。

たった今から私たちは運命共同体です。あなたは夢とビジョンをお持ちです。それを太陽の光で枯らしてしまわずに勝ち取ってください。リスクがないからとか、人が喜ぶからという理由で仕事をしないでください。自分がどうしてもしたい仕事をしてください。無難な道を歩むつもりなら、今すぐ引退して、ハリウッドの重役連中とゴルフをするほうがましです。

でも、あなたにはそんな人生を送ってもらいたくない。みんなのあこがれの的として、この業界をけん引してほしい。自分のプロとしての才能を見きわめ、今の地位にたどり着いたときと同じくらい大きく、大胆に考える意欲をかき立ててください。勇気を持って、もっともっと大きくなってください」

彼女は私を見つめ返した。冷ややかだった目つきは、闘いの決意を固めた者だけが見せる毅然《きぜん》とした眼差しに変わっていた。

「私、この番組でテレビを変えるわ」

私はその言葉にただうなずいた。彼女はこの決意を実現させることを誓い、友人にこういった。

「あなたがこの人を連れて来た理由がわかったわ。私にはお尻を叩いてくれる人が必要だったのよ」


あなたが常に念頭に置いておくべき言葉が1つだけある。充実した人生に続く道を作り、自分の中に眠っている大きな力を結集させる言葉——それは**「挑戦」**だ。

あなたが人間として獲得してきた成長は、いわゆる「本物の挑戦」の成果である。今持っている技能、信念、知力、体力は、あなた自身や環境から求められて伸ばしてきたものだ。

この「本物の挑戦」こそが、自分の限界を突破し、努力と創造性と意識の歯車をうまくかみ合わせ、自分自身をも驚かせる大いなる可能性を秘めた瞬間だ。真の変化と成長が起きるのはこのときで、きっとあなたはかつてないほどの活力と満ち足りた気分を覚えたに違いない。

挑戦とは、今の自分自身を超える何かを得ることなのだ。あなたの潜在的な能力を思いきり発揮し、積極性と進歩と共に、挑戦する行動意欲を今こそかき立てるときだ。

あなたはもっと大きなエネルギーを感じることができる。そのためには、持っている最大限のエネルギーを呼び覚まし、本物の挑戦に立ち向かわなければならない。

実践方法1――充実感をもたらす挑戦課題を選ぶ

挑戦は、積極性と進歩に続く道である。しかし、すべての挑戦が同じ性質を持っているわけではない。

活力、情熱、連帯感、充実感をもたらすものもあれば、意欲を喪失させてしまうだけのものもある。この違いを頭に入れて、より大きく、より大胆な挑戦課題を設定することが、精神的にも、成功と満足感を手にするためにも、とても重要になる。

では、「適切な」挑戦課題をどのように選べばいいのか。

人生に積極性と充実感をもたらす挑戦課題には、次の5つの条件がそろっている。

まず、**1点集中型の課題**であることだ。

気力と集中力を一心に注ぐ必要がある、私たちが無我夢中にさせられるものだ。絵を描くこと、子どもたちに教えること、ウェブサイトをデザインすること、プレゼンテーションを考えることなど、どれも集中力が必要な取り組みである。このとき、課題はあなたにとって重要なもの、今この瞬間にしなければならないと思うようなことでなければならない。

次に、**私たちの努力と能力を伸ばす課題**であることだ。今持っているスキルと力の限界を少し超えるくらいがよい。現状の能力を超えるものであれば熱心に取り組み、自分を成長させようとするからだ。コツは、自分の快適な領域を少しだけ超える課題を選ぶことだ。難易度をレベル1から2、または3というように、徐々にレベルを上げて取り組むものだ。

3つ目は、**成果を測れる課題**であることだ。これは、進歩を自分で評価するか、第三者からフィードバックをもらって、自分のやり方を知る機会になる。ランニングなら、走った速さと距離が測れれば満足度が上がる。プレゼンテーションなら、聴衆の顔と反応が見えれば充実感が増すだろう。ダイエットは、体重計に乗って経過がわかれば、もっと積極的に取り組める。

4つ目の基準は、**達成感をもたらす課題**であることだ。

マラソンはゴールがあるからできる。昼夜を問わず働く会社の重役たちは、トップに登りつめようとする捨て身の挑戦が期限つきだからこそ、あれほど働くことができるのだ。こうした例を見ても、頭の中に期限を設けることや褒美を信じることは、どんな挑戦にも耐え得るほど重要なことがわかる。

最後の5つ目の基準は、**体験と成果を人に伝えられる挑戦**であることだ。

エベレスト登山ならこの基準をすべてクリアするし、その行為自体が素晴らしく満足できる体験だろう。でも、誰かと一緒に登れば、気持ちは格段によくなるはずだ。

そして、最後の仕上げは、私たちが課題にいかに立ち向かい、勝利を手にしたか話し、祝うことだ。自分の精神にいかに重要か理解し、さらに難しい課題に挑みたいという行動意欲を持つことが大事なのだ。

以上、これまで経験してきた勝利や熱心な取り組みの楽しい瞬間を思い出してみれば、すべてこれらの基準に当てはまるはずだ。あなたの挑戦課題もこの5つの基準に照らし合わせて戦略的に選んでほしい。

▼実践方法2——プロセスに集中し、拒絶を恐れない

山を越えて世界を征服するとき、足止めをくらう場所が前もってわかっていればありがたい。挑戦が大きくなるたびに、新しい疑念や恐怖が襲ってくる。だから、それに対する対応策を伝授しておかなければならない。

新しい夢に向かう道すがら、善戦中の私たちが直面する心の敵は、大きく分けて2つある。**「満たされない期待」**と、**「拒絶に対する恐怖」**だ。

「満たされない期待」には誰しも心当たりがあるだろう。情熱をかけて懸命に働いたのに、思ったほど報われも認められもしなかったことがあるはずだ。だからこそ、挑戦に期待するものに対する見方をがらりと変える必要がある。

「生き生きした人生」を送るには、挑戦に臨む理由に対するあなたの信念を変えなければならないのだ。

また、「拒絶に対する恐怖」とは、大きな挑戦をしたとき（あるいは失敗したとき）の他人の評価が恐いからだ。

私たちはみんな拒絶を恐れているが、重大な拒絶はめったに起きない。私がセミナーで受講生に「心底傷つけられるような拒絶を人生で何回経験したか？」と質問すると、平均回数はいつも7回、そんなものである。

人生は得てして、大きな挑戦に尻込みさせるようなことはめったに起きないものなのだ。でも、この話はまだ終わりじゃない。

これまで重大な拒絶を受けた回数は7回かもしれないが、反対に、応援や励ましを受けた回数は数え切れないほどある。

私たちは何千人とはいわないまでも何百人もの人たちと、学校や仕事などで交流を持ち、支えられ励まされてきた。そう考えると、こんな疑問が湧いてくる。

「あなたは今後、誰と何に関心を注ぐのだろうか?」

決めるのはあなただ。人生であなたを傷つけてきた、たった7人の妬《ねた》み屋、皮肉屋、批判家たちにあなたの挑戦を奪われてはいけない。彼らの憎々しい無知な意見など、どうでもいい。

あなたの夢を死なせてはいけないのだ。

この項の最後に、私が好きな1節を紹介したい。

重要なのは批判家ではない。強い者がどうつまずいたか、行動力のある者にやらせたらどう成果が上がったか指摘する人間など、どうでもいい。

名誉とは、実際にアリーナに立つ人間のものだ。果敢に努力しても何度も何度も失敗する——そんな人間の手に名誉はある。なぜならば、失敗のない努力などないからだ。

名誉を手にするのは、懸命に行動する人間、大きな熱意と大きな愛を知る人間、価値ある大義に身を捧げる人間、最後に立派な功績という勝利を知る人間だ。失敗して最悪の場合を迎えても、少なくともそれは、果敢に挑んでの敗北である。だから彼が立つ場所は、勝利も敗北も知らない、冷酷で臆病な人間たちが立てる場所ではけっしてない。

――セオドア・ルーズベルト、パリ・ソルボンヌ大学での演説から抜粋

実践方法3――毎月30日単位で挑戦課題を設ける

私は15年前から毎月1つずつ、自分に挑戦課題を設けている。

しかし、その旅も行き先も予想以上に熱中できて充実感もある。課題の設定を決意してからほぼ毎日、実に生き生きとした気分でいられる。

私の毎日が、本物の高揚感と充実感に満ちているのは、情熱的な探求と挑戦にいつも積極的に取り組んでいるからだ。楽しくてエキサイティングなこの15年間、生き生きした人生を送るのに必要な心理的、物質的な見返りを実感してきた。

正直にいえば、無様《ぶざま》な倒れ方をしたことも数え切れない。けれども、常に楽しむ姿勢を持ち、前のめりになることを心がけてきた。

私は、私生活と財政面での成功のほとんどは、1に神様のおかげ、2に家族とよき相談相手のおかげ、3に自分自身を変えて、人生の挑戦に臨む選択をしたおかげだと思ってい

る。その挑戦の中で一番やってよかったことは、自分で毎月の挑戦課題を設けることだった。

私はいつも毎月1つ課題を選び、熱意を持ってそれに取り組んでいる。他のスキルと同様に、個人的な成長課題を設定し、それに一所懸命取り組むには、集中力と自律心と熱意が必要だ。うれしいことに、懸命に取り組めばその分楽しさが増し、挑戦する意欲もどんどん上がって、毎回それが自分の人生の一部になる。

手始めに、今すぐ紙を用意して、そこに枠を12個描いて、1月から12月まで書き入れてほしい。そしてそれぞれの月に、あなたが取り組む挑戦課題を簡単に書いてほしい。

たとえば、「聴く」「マラソンのトレーニング」「ウェブサイトのデザイン」「ダイエットの実践」、あるいはシンプルに、「愛」というように。

どんな挑戦であっても、課題の項目名やテーマが重要ではないことを頭に入れておこう。あなたにとって重要なもの、あなたを伸ばしてくれるもの、よりよい人間にしてくれるもの、より強い人間にしてくれるものなど、本物の課題を設定することだ。

本物の課題を設定し、それを達成し、プロセスを楽しんで人に伝えること。それができれば、あなたは自分の運命の主人になれるのだ。

◆満たされた人生にするためのポイント◆

1．私が次に臨もうと考えている大きくて大胆な挑戦は……

2．拒絶を恐れなければ、これまでの私の挑戦はきっと……

3．これからの12カ月間、30日単位の課題を設けるなら……

第10章

自由に表現する行動意欲

「人間にはバイタリティ、生命力、エネルギー、躍動感があり、それはあなたを通して行動に表れる。あなたという人間はこの世にたった1人しかいない。だから、その表現はかけがえがない。もしもあなたが封じてしまえば、それは他のどんな媒体にも存在せずに失われてしまうだろう」

——マーサ・グレアム

個性を否定された女性に起こったこと

「誰かに話を真面目に聞いてもらいたかったら、その赤い髪をなんとかしなくちゃね」

ステージ上で私の隣に座る有名なスピリチュアルカウンセラーが、観客席の最前列にいる目のぱっちりしたサーシャという女性に、そう話しかけた。

サーシャは、長く豊かな黒髪に真っ赤なメッシュを入れていた。観客全員が、そのカウンセラーの言葉を聞いてぎょっとした。彼は自己受容と個人のパワーについて1時間近くとうとうと話をしたあと、そんな頭をしていたら他人から受け入れてもらえないと、サーシャに余計なアドバイスをしていた。

観客の動揺に気づかないらしく、話のテーマを変える前に、まだアドバイスを続けようとした。私はステージで怒りをたぎらせてじっと座っていた。８００人の観客が私に何かいわせたがっている気がするが、自分が今、何をどう感じているのかよくわからない。

対談が終わると、観客はそのことを忘れてしまったようだ。いっせいに力強い拍手が沸き起こる。でも、私は何かしっくりしなかったのだ。

その晩と翌日の朝、私は感情を整理し、怒りの原因を見つけた。例のカウンセラーのコメントに腹が立ったのは、観客たちがカウンセラーの言葉に同調するような人たちではなかったからだ。そして、私も観客と同じ気持ちだったからだ。

サーシャは、カウンセラーに質問したわけでもアドバイスを求めたわけでもない。ただそこに座っていただけなのに、彼がプロとしてのイメージをキープするために、彼女を生《いけ》贄《にえ》にしたのだ。

腹を立てているのに拍手するとは……。私は自分にあきれた。

その午前中、私はいつものようにステージに駆け上がり、手を叩きながら会場をあおった。そのあとで、私はこう切り出した。

「この業界――いわゆるアドバイスを職業にしている世界のことですが、一番好きなところは、多様な考えや視点があることです。私は誰からでも教わります。きっとあなた方もそうでしょう。でも、私たちには自分なりの解釈方法と自分なりのアドバイス方法があります」

私は観客席の最前列を見下ろし、サーシャを探した。彼女が見つかると、まっすぐ見てこういった。

「たとえば、ゆうべ、最前列の赤いメッシュの女性が見えていたら、私はこういったでしょう。『自分の好きにしていいんだよ!』」

会場に賞賛の渦が巻き起こった。昨晩のカウンセラーの警告めいたアドバイスがサーシャを深く傷つけたことは間違いない。その証拠に今日の彼女は髪をきっちりまとめてポニーテールにし、スーツを着ていた。まるで別人だった。

でも、私がステージ上でそういったとたん、サーシャは堤防が決壊するようにわっと泣き出した。カメラが彼女にズームインすると、他の観客たちが歓声を上げて彼女に拍手を送り始めた。

「サーシャ、ステージに上がってください」

私がいうと、みんな勢いよく立ち上がり、興奮した大声で彼女を励ました。会場のエネルギーは最高点に達した。私はマイクをつかんでサーシャに渡した。このときの彼女は、マスカラが全部剥《は》がれ落ちるくらい激しく泣きじゃくっていた。私はこう質問した。

「それで、赤毛は元気?」

彼女は笑って気持ちを落ち着けようとしたあとで、こう答えた。

「自分がワイルドで、クリエイティブで、ホットな人間であること、自分らしく生きることを忘れないためにこうしているんです。このメッシュを鏡で見るたびに、自分のセクシーな面を忘れないようにしようと思うから」

また観客から割れるような拍手が上がった。そこで私はこう尋ねた。

「で、サーシャ、お仕事は何を？」

このとき、彼女は背筋をピンと伸ばして胸を張った。

「女性に、自分自身のワイルドで奔放《ほんぽう》な側面を存分に表現する術を教えています。ウソの仮面を脱いで本来の肌の美しさを感じ、ありのままに生きることを教えているんです。愛される価値があり、セクシーで、ゴージャスで、クリエイティブで、自由な精神を持つ人間になりましょうって」

観客たちが総立ちになった。こんな盛大なスタンディングオベーションは、今までに見たことがない。サーシャは、その週末に私がステージに招いたどんな人たちより雄弁で、情熱的だった。

実は私は今まで、こんなふうに誰かが認められ、受け入れられるのを観客たちが求めていることに気づいていなかった。彼らもまた、昨夜のカウンセラーのコメントは場違いで、自分たちが持っている個性とクリエイティブな精神に対する侮辱《ぶじょく》だと感じていたのだ。

私は、ありのままのサーシャが美しいことを念押しするつもりで、彼女に歌を捧げようと観客席に呼びかけた。そして、ジョー・コッカーの『ユー・アー・ソー・ビューティフル』の数節をみんなで合唱した。

その夜、私はサーシャと彼女の弟をディナーに招待した。弟は私に会うと脇に引っ張って行き、こんなことをいった。

「今日、姉のためにしてくださったことにお礼をいいたくて。昨日の夜、あの講演者があんなふうに露骨に姉を批判したとき、僕は弟として、男として、全力でかばってあげたかったんです。観客が声を上げる雰囲気じゃなかったけど、みんな、サーシャのために闘いたいと思っていました。今朝、あなたが姉を認めてくださったことは、姉にとって一生の宝物です。おかげで姉の人生は変わりました。これで僕とあなたも親友です」

自分の個性を自由に表現し、天から与えられた才能で世界を照らすことができれば、人生怖いものなしだ。

サーシャは、髪に赤いメッシュを入れることを表現手段にしていた。他にも、仕事、アート、音楽、あるいは他人との交流を通して、クリエイティブな自己表現を実現させている人もいる。どちらにせよ、他人の個性や自由な表現をつぶそうとしてはいけない。

幸運にも、経済界を含む現代社会では、実にさまざまな形でクリエイティブな精神を称え、それに報酬を与えている。クリエイティブな動画を投稿すればヒットし、クリエイティブなアイデアを伝えれば昇進する。そして観客の前に立って自分の思いを発信し、共感を呼び起こせば、みんな立ち上がって拍手する。

自由に表現する行動意欲は、自分にしかない才能・強み・考えを、肉体を通して、あるいは人との交流を通して表現しなさいとけしかける。簡単にいえば、自己表現の仕方は人それぞれだから、**あなたはあなたのままでいい**ということだ。

自分のクリエイティブな側面を知り、それを常に表現できれば、あなたの人生はもっと生き生きして充実したものになるだろう。そういう人は、世界にたった1つしかない自分だけの居場所と自分だけの考えを知っている。キャンバスに絵を描き、ステージで歌い、キーボードを叩き、持っているアイデアや感情をこうした自分なりの媒体を通して人に伝え、喜びを感じている。

職場では、人より多く質問し、人より多くの時間を費やして自分の意見を形にし、人より多くのアイデアを伝えているに違いない。新しい挑戦やプロジェクトに臨むときはワクワクしているはずだ。その体験の1つひとつが、世界に自分だけの足跡を残す新しいチャンスをもたらしてくれると知っているからだ。

この章で扱うのは、自分のクリエイティブで自由な側面を再認識し、自己表現を戦略的に実現させる方法だ。

自分をどう表現すればいいのかわからないと、かけがえのない自分らしさを失ってしまう。ひいては、自己とのつながりを失ってしまうのだ。

自由に表現する意欲をかき立てることは、幸せと充実感をつかむための手っ取り早い戦略であり、同時に、将来の天職を見つけるための最善の方法でもあるのだ。

自由でクリエイティブな表現が、私生活でも仕事でも重要であることは間違いない。あなたが存分に表現しようと思うなら、真剣に取り組まなくてはいけない。

実践方法1――クリエイティブな表現を生活全般に広げる

自分にどれくらいの創造性があるのか自覚し、それを生活に反映させるには、まず自分の行動すべてが自己表現であり、創造性を示すものであることを理解しなければならない。

メールの文章も着ている服も、家の内装や外装も、一種の表現行為である。ここで必要なのは、自分がそうした行為にどれほどの創造性を注ぎ込んでいるかを知ることだ。

自分の仕事を考えたとき、服を着るとき、そこに**「自分らしさ」**が見えなければ問題だ。

そこで、私が「創造的表現テスト」と呼んでいる、5項目からなる簡単なテストをやってみてほしい。各項目について0～10点で書き込む。あなたの生活にあなた流のスタイル、考え、アイデアがどれだけ反映されているか採点してみよう。

創造的表現テスト――50点満点

【仕事】　点

・あなたは職場にどれくらい「自分らしさ」を感じているだろうか？
・仕事机はあなたが選んだ小物、写真、デザインでまとめられ、あなたらしい空間に仕上がっているだろうか？
・同僚は、あなた独自の強み、スタイル、個性に気づいているだろうか？
・過去5年間に手がけたプロジェクトには、あなたらしさやクリエイティブな工夫が見えるだろうか？

【親密な関係】　点

・あなたはパートナーや恋人との関係に、自分の意見や価値観がどれくらい反映されているだろうか？

・あなたがやりたいこと、やって楽しいことを2人でしているだろうか？
・相手はあなたの価値観、コミュニケーションの仕方、独特な行動、人生の夢を理解しているだろうか？
・自分はこの関係に刺激をもたらすと同時に、自主性を尊重させているだろうか？

【友人関係】　点

・あなたは友人から自分の意見や価値観がどれくらい理解されているだろうか？
・あなたがやりたいこと、やって楽しいことを友人としているだろうか？
・友人はあなたの価値観、コミュニケーションの仕方、独特な行動、人生の夢を理解しているだろうか？
・自分はこの友人関係に刺激をもたらすと同時に、自主性を尊重させているだろうか？

【娯楽】　点

・あなたは仕事、家庭、社会生活から離れた自分の楽しみに、どれくらい「自分らしさ」を感じているだろうか？
・あなたがやりたいこと、やって楽しいことをしているだろうか？
・自分が読みたい本を読んでいるだろうか？

・自分らしさが表現できると感じさせてくれる趣味を追求しているだろうか？

【貢献】　点

・あなたは社会全般への貢献方法にどれくらい「自分らしさ」を感じているだろうか？
・世界にあなた独自の足跡を残しているだろうか？
・仕事やボランティアにどれくらい「自分らしさ」を反映しているだろうか？
・地域社会や社会全般に自分の意見をはっきり主張し、貢献しているだろうか？

各項目の点数を合計しよう。合計50満点のうち45点以下なら、あなたの人生にはとても重要なものが欠けている。それは「あなたらしさ」だ。

点数と人生の満足度は比例している。私たちが日常生活にどれくらい創造性を感じているかは、どれくらい自己表現し、充実した人生を送っているかによるところが大きい。

幸いなことに、生活に創造性を取り込むのに難しいコツはいらない。必要なのは、少しの集中力と一貫性だけ。クリエイティブに生活する術を考えるだけで、あなたの中に活力と充実感と情熱が生まれるのだ。

実践方法2——人間を観察、研究してデザインする

私はこれまで、世界でクリエイティブなアーティストや歌手、俳優、作家、デザイナーたちと仕事をする機会に恵まれてきた。そして、彼らが驚くほどユニークな独創性を養っている方法が同じであることに気づいた。彼らの誰もが熱心な人間ウォッチャーで、デザインマニアだったのだ。

アーティストやデザイナーなど独創性の高い人たちは、1人でスタジオやオフィスにこもりコツコツ仕事をしていると思われがちだが、実は、彼らは驚くほど社会性が高く、その創造力は世界中の人々と交流することで培われているということがわかった。

だから、もしクリエイターに「どうすればもっとクリエイティブな人間になれますか?」と尋ねたら、彼らのほぼ全員が、「人間をよく見て、世界に触れなさい」とアドバイスするはずだ。

昔、私は大手の衣料品小売業社に勤めていた。その会社は当時、ブランドの確立に四苦八苦しており、世界で最も有名なデザイン会社をアドバイザーとして迎えた。すると、そ

のデザイン会社は役員たちにこう指示した。

「ショッピングに行きなさい。『戦場（ショッピングモール）』に出て、お客の買い物を観察し、メモを取りなさい。なぜその商品を買おうと思ったのか理由を訊いて、お客の好みを知り、それから社に戻ってブレインストームを行い、デザインを始めなさい」

クリエイティブな人たちは、突き詰めれば人間ウォッチャーだ。クリエイティブな表現の素は机の上から生まれるのではなく、人との交流がもたらすインスピレーションから生まれるのだ。

だから彼らは、他人の行動様式、伝達の方法や商品の使用方法、仕事ぶり、買い物、整理の仕方などに強い興味を持っている。その意味では、彼らは人類学者に似ているが、彼らから学ぶことはたくさんある。


あなたもクリエイティブな表現ができる人間になりたければ、訓練として人間ウォッチングを始めよう。

他の人がどんなふうに自己表現しているのかをよく観察してみる。人が何を好み、何を好まないのか、何を表現し、何を表現しないのかを知ることが大事なのだ。

とはいえ、人間ウォッチングするだけで、自己表現に拍車がかかるわけではない。ショッピングモールや空港での人間ウォッチングは、たしかにインスピレーションの源になるだろうが、最大限のインスピレーションが欲しいなら、世界で最もクリエイティブな人たちがしていることを真似してみることだ。

つまり、**芸術に触れる**のだ。

プロのダンサーたちが踊るのを見れば自分も踊りたくなる。アーティストの展覧会に足を運べば自分も絵筆を持ちたくなる。偉大な音楽家の曲を聴けば自分も楽器を手にしたくなるはずだ。

自分の創造的エネルギーが低下しているなと感じたら、家から離れて、世界と触れ合えばいいのだ。才能のある者は、交流を大事にすることを忘れてはならない。

あなたも次のことを実践してみよう。

まず新聞を開いて、今週の町の催し物を確認する。そしてショーを見に行ったり、オーケストラを聴きに行ったり、展覧会を観に行ったり、講座を受けに行く。仕事以外のクリエイティブな空間に身を置くために、地元のアートシーンに出かけよう。

そして、クリエイティブな表現を具現化したものを観察しながら、自分にこう問いかけよう。

「あれを見て、自分はどう思うか。これに自分はどんな刺激を受けるのか」

また、他人に目を向け、外の世界と触れ合うつもりなら、物事の仕組みに注意を払うことも必要だ。

電話の形や車の内装、仕事場の構造に注目し、なぜこうなっているのか、形状や機能的にはどのデザインが優れているか、自分自身で考えることだ。

あなたもこれで、デザインに対する心構えができた。部屋の模様替えをするときも、プレゼンテーションのレイアウトを変更するときも、服を選ぶときも、製品のリニューアルを検討するときも、あなたはデザインしているのだ。

実践方法3——もっと創り、もっと伝える

あなたは他人や物を見ているだけの「創造性の傍観者」となってはいけない。インスピレーションを形にすることが重要だ。

創造性とはアイデアを持つことだけでなく、それを形にすることだ。アイデアは火花にすぎず、物理的な形にしなければならない。

たとえば、本にするアイデアを持っていることは創造性ではない。それはただの思いつき。クリエイティブな表現とは、何枚もの白い紙にペンを走らせ、実際に本を書くことだ。本物の創造性は、必ず最後に形になる。

私たちが創造するものは、私たちの遺産となる。芸術界、ビジネス界の巨匠たちが現代

でどう評価されているか、考えてみるといい。過去に作られた彼らの作品を、現代に生きる私たちが求めている。

私たちは、スティーブ・ジョブズが手がけたアップル製品と同じように、ダヴィンチの一連の作品にも畏敬《いけい》の念を抱いている。生きている間に創造性を次々具現化したクリエイターたちを崇拝する。

しかし、遺産を築くことは必ずしも簡単なことではない。だから、多くの人間が「私はそれほどクリエイティブではありませんから」と都合のよいいい訳をする。しかし、創造性は特別なものではない。訓練によって身につくものだ。自分はクリエイティブではないという人たちは、たいていよいアイデアを立派な形にする苦労をしたくない人たちだ。

創造性は火花ではない。長く苦しい歩みだ。アーティストや発明家、デザイナー、作家などの世界中の全クリエイターたちが、自分の仕事は同じことの繰り返しだというだろう。

1つのアイデアが浮かんだら、それを肉づけし、動かし、組み合わせ、壊し、ふり出しに戻り、自分自身の中に何かを発見する。新しいビジョンが浮かび、改めて取り組み、テストし、人に伝え、修正し、壊し、磨きをかける。

これは、誰もができることではない。

だからこそ、恐ろしいほど創造性に欠ける人間が多いのだ。

あなたには、早々に手放してしまったクリエイティブな夢があるのではないだろうか。歌いたかったけれどあきらめてしまった、絵を描きたかったけれどやめてしまった、踊りたかった、ファッショナブルな服を着たかった、本を書きたかった、人に希望を与えるような話をしたかった、大きな発明がしたかった、プロセスの設計を一新させたかった……。

しかし、あなたは途中で自己表現することをやめてしまったのだ。

今こそあなたの自由な表現、クリエイティブな精神に火をつけ、繰り返しを恐れず、どんなことがあろうとも最後まで歩き続けなければならない。

発明したい、デザインしたい、創りたい、発展させたい、人に伝えたいという強い思いがあるなら、実際にやってみよう。そのアイデアを形にすることを考え、実現までのプロセスを楽しもう。それがきっと、あなたに生き生きした人生をもたらすはずだ。

最後にいっておくが、こうした創造性は自分の胸の内に秘めたままではいけない。

創造性を活性化させる最良策は、**どんどん人に話す**ことだ。

自分の作品を他人に見せて、フィードバックをもらおう。あなたの心をとらえた世界中の物事を、どんどん人に伝えることが大切だ。

自分がなぜ、そのブランドや製品が好きなのか人に説明し、相手の好みも訊いてみよう。

実はこれは重要なポイントだ。多くの人たちが、自分らしい考えを見いだしたいと思っているが、考えは見いだすものではない。人に伝えるものだ。たくさんの人たちと話をし、自分の考えを伝えることで、自分らしさの本質に関する特質と真実を見いだし、それとつながる。

クリエイティブで自由な表現とは、つまり、周りの人に自分らしさの本質を伝えることなのだ。

◆満たされた人生にするためのポイント◆

1．家と職場でもっと自分をさらけ出し、クリエイティブな自己表現をするには……

2．人とデザインにもっと刺激をもらうには……

3．形にして世界中の人に伝えようと私が思っているものは……

第11章

貢献に対する行動意欲

「私たちは得ることで暮らしを築き、与えることで人生を築く」

——ウィンストン・チャーチル

▼バーでくだを巻く女性支店長の貢献度

「必要とされる存在になりたいの。もっと立派な仕事だったら、やりがいがあるのに」

彼女は38歳の銀行の支店長。自分の年齢と同じ数の部下がいる。呂律《ろれつ》が回っていないのは、先ほどからカウンターにこぼしてばかりいるマルガリータのせいだ。

彼女は私より2つ、3つ年上だが、狩りの真っ最中。どうやら今夜は私が獲物になるはずだったらしい。彼女は何が自分を待ち受けているのかまったく知らなかった。

そう、このときの私は肉食女子の餌食《えじき》になりかけていて、そばには助けてくれる妻も顧客もいなかった。私はお人好しで、それが顔に出ていたのだろう。ものすごく人に好かれ、話し相手になったら最後、なかなか離してもらえないのだ。

ジェニーと名乗ったこの女性に職業を尋ねられ、私は手短に答えて立ち去ろうとしたが、彼女がちょうど会社からの要請で研修中だったために、自己啓発セミナーの講師たちの話をし始めた。

そして数分後、自分の人生なんて間違いだらけだと私にしゃべり続けた。

このときの彼女は、自分が誰かに影響を与えているとはこれっぽっちも思っていなかった。今の仕事は天職じゃなかったのかもしれない、天職なんて永久に見つからないかもしれない、そう思っていたのだ。

私は、出会った人の行動意欲を片っぱしから引き出すことが自分の使命だと思ってはいないが、運命が存在すること、そして不意な出会いには宇宙の法則が働いていることを心から信じている。

もしもあなたと出会えば、それは理由があってのこと。だから、その理由を解き明かし、あなたの人生に何らかの形で貢献しなければならないと思っている。それが私の流儀だ。

話をジェニーに戻そう。

彼女は悩んでいるといった。原因は例の自己啓発セミナーの講師たちだ。そして、私を彼らの同類だと思っていた。

「あの人たちの話を聴くたびに、おまえは駄目な人間だ、人生に高い目標もないっていわれているような気がするの。本当にそうなのかなあ。あなたにはわかる？　きっと私に影響力なんてないんだわ。余計なお世話だっていうの。でも、今の仕事は好き。そりゃ、アフリカの子どもたちに食糧を送るような立派な仕事じゃないわよ。でも好きなんだよね、この仕事が」

「それは何よりですね、ジェニー。では、がんばって続けましょう。仕事が好きだというあなたに触発される人もいるでしょう。それで十分ですよ。では、おやすみなさい」

そういって席を立とうとすると、腕をむんずとつかまれた。

「ちょっとお兄さん、とってつけたようないい方するじゃないの」

彼女は私の顔を指差して、どう解釈していいかわからないという顔をした。

「いえいえ、とんでもない。では、いい直しましょう。よく聞いてください。どんな仕事であれ、仕事を愛するあなたの姿は部下の刺激になります。それは、立派な社会貢献ですよ。よかったですね。では、このへんで。おやすみなさい」

私はそれ以上何も考えず、彼女から離れてバーを出た。

それから2日後のことだ。私はあのバーの近くで空港に行くタクシーをつかまえようとしていた。しかし、気づけば持ち合わせがない。角にある銀行の支店の前にATMを見つけた。ATMにカードを滑り込ませながら窓ガラスに目をやると、その中に、おとといの晩の肉食女子——えーと、そう、ジェニーだ——の姿を見つけた。従業員と話をしている最中で、この前の晩よりずっとプロらしい服装をしている。

もちろん、これは単なる偶然だ。でも、たまたま出会った人間を2日後に見かければ、こちらも気になる。運命の存在、そんなことを思いながら、私は銀行に入った。現金は窓口で下ろすことにして、様子を見ようと思ったのだ。

窓口カウンターに向かうとき、ジェニーと目が合った。でも、彼女は私に気づいた様子はない。そこで私は、窓口係にこんなことを訊いてみた。

「あちらの女性、彼女はあなたの上司か何か？」

「ええ、支配人のジェニーです。彼女、すごい人なんですよ」

「ほう。なにがすごいんですか？」

「この銀行を見てください。町で一番清潔で、居心地がよくてピカピカでしょ？　同僚たちも素晴らしい人たちばかりです。ジェニーがいつも、私たちのやる気を引き出してくれるんですよ」

「あなたはお仕事が好きなんですね」

「大好きです。ここのチームの一員ですから。ここにいらっしゃる大勢のお客様のような高給取りではありませんが。以前は私、事務処理専門でした。ものすごい人見知りだったもので。当時の私のやることといえば、この奥で書類仕事を山ほどして、夫が向こうで殺されないか心配して1日の半分は泣いてばかりでした。彼、イラクに派遣されているんです。でも、ジェニーがこういってくれました。

『もっと外に出なさい。そしてストレスを全部、吐き出すのよ』

ジェニーはいろいろ教えてくれたんです。おかげでこうして窓口に立てるようになりました。私たちみんな、ジェニーのおかげで接客が楽しくて。私にとっても、みんなにとっても、彼女の言葉は励みになります」

窓口係との話を終えて現金を手にすると、部下とまだ話をしているジェニーのもとへ向かった。どうやら彼女は、私を覚えていないようだった。

「こんにちは。私は単なる通りすがりの者ですが、あなたにお伝えしたいことがありましてね。あそこにいるあの女性——窓口の担当者が見えますか？」

ジェニーと従業員がうなずく。

「彼女、とても感じがよくて親切な方ですね」

それからジェニーにまっすぐ体を向けて、私の言葉の意味が理解してもらえるように、低い声音でこういった。

「彼女、あなたのことをいつもやる気を引き出してくれて、夫がいない自分を支えてくれている人だっていっていました。あなたはこの町一番の支店を任されているんですってね。私もここは町一番だと思いますよ。彼女はあなたのことを心から大切な人だと思っています。あなたはあの女性の人生に大きな影響を与えました。まさに人に必要とされる存在だ。仕事ぶりも素晴らしい。私はあなたを賞賛し、ご苦労をねぎらいたかっただけなんです」

ジェニーは心底びっくりして顔を赤らめた。そして私と握手し、来店に対する謝意を述べた。

結局、私のことは思い出せなかったようだ。私は帰ろうとして、こういった。

「よかったですね。あの女性のやる気を引き出し、ここで素晴らしいお仕事をするのは、アフリカの子どもたちに食糧を送るのと同じくらい立派なことですよ」

私は銀行の前を通りかかったタクシーを止めて、飛び乗った。すると銀行のドアが開き、ジェニーが左右を見渡しながら出て来た。

やっと思い出したらしい。タクシーの座席に座っている私を見つけて、ジェニーが叫んだ。

「ありがとう！　すごくやる気が出たわ！　あなたのおかげよ！」

貢献に対する行動意欲は、私たちの心の最も深い場所で湧き上がる。

私たちは、自分が惜しみなく身を捧げ、周りの社会に重要な役割を果たしているか知りたいと思っている。自分の価値を高め、他人に与え、自己表現し、独自の物を作り出し、集団や組織に参加したいというこの欲求は、この世に生きた証を刻み、何らかの影響を与えたいということだ。

献身的になれる素晴らしい力だけでなく、最も崇高《すうこう》な個人の志に努力を注ぐのは、人に何かを与え、必要とされる存在になるという行動意欲である。

私たちは人生に大きな意義と生きがいを持ったとき、社会に貢献しているような気持ちになる。だが実は、貢献自体が意義と生きがいの源だ。

社会に何か大きな貢献をしたとき、自分たちが有意義な時間を費やし、立派な行いをしたことを実感する。自分が何かに貢献していると自覚している人、あるいは将来、貢献する計画がある人は、今の生活に生きがいを感じているはずだ。

しかし残念なことに、多くの人はジェニーのように、自分の貢献に気づいていない。

貢献している自覚がない人は、人生に意義も生きがいも感じられず、深い喪失感と不満を抱えることになる。必要とされるものなど何ひとつないような気持ちになり、悪ければ、本当に必要とされなくなる。

貢献している自覚がないだけでこうなってしまうなら、実際に貢献していない場合はどうなるか。

人に大事なものを与えたと実感することで生まれる、大事な自尊心が欠落してしまうのだ。さらには、自分の役割を果たして人間としての価値を高めている、あるいは誰かの役に立っているという実感がないので、他人とのつながりも切れてしまう。

大きな危機感を抱いている人は、「貢献」という言葉の意味と、それを自分の生活に戦略的に取り入れる方法を理解すれば、自分に合った意義と生きがいのある人生を送れるようになるだろう。

では、「貢献」とは実際に何をすることなのか？

私がこの質問を世界中でしたところ、こんな答えだった。

・他人に影響を与えること
・遺産を残すこと
・重要なことを成し遂げること
・自分の才能と能力を他人のために使うこと
・自分が得たものよりもっとよいものを人に与えること

ここに挙げた答えの中には、ある共通の概念が含まれている。それは、**「与えること（giving）」**だ。

たしかに「貢献」の一般的な定義は、公共もしくは集合体の目標や試みに対して「重要な役割を果たすこと」である。つまり、仕事や目標、集団、個人などに意義のあるものを与えることだといえる。

しかし、貢献の手段が必ずしも平等だとはかぎらないし、「与えること」が常に世界に影響をもたらすとも、個人にやりがいや充実感をもたらすともかぎらない。実は、「与えること」自体は、貢献に対する行動意欲の喚起にほとんど関係がないのだ。

ということは、「与える」ということを性質ごとに線を引き、それぞれが貢献に対する一般的な行動意欲にどんな影響を及ぼすのか考えてみればいい。「giving」を、giving of（差し出す）と giving to（与える）の2つのタイプに分けて考えてみれば、その本質がよくわかる。

実践方法1――自分自身を差し出す

そもそも日常生活で豊かに表現し、精いっぱい努力することは、自分自身を惜しみなく差し出すことだ。しかし、その対象は、必ずしもなんらかの目標や集団、個人とはかぎらない。

私たちは、すべての行動に最高の自分自身を投影することで最大の力を発揮し、それを1人で行うことで貢献している実感を持つ。

わかりやすい例を挙げよう。

たとえば私がテニスプレーヤーで、自分の力、才能、能力すべてかき集めて試合に全力で臨んだら、おそらく自分自身を差し出しているような気持ちになるだろう。ひいては、貢献に対する自分の行動意欲を刺激しているように思えるはずだ。

試合に、ファンに、あるいはその瞬間に貢献しているという実感は必要ない。自分を差し出しているという意識さえあれば、個人の貢献意欲は刺激される。

私たちの社会は、貢献とはベストな自分自身を差し出すことでなく、具体的な目的に何かを与えることだという誤った考えを抱いてきた。だから、ありのままの自分でいるだけで大きな社会貢献になるという事実に多くの人たちが気づいていない。

ありのままの自分を精いっぱい生き、何に対しても自分の力、才能、能力を存分に発揮するだけで社会貢献になるとしたら、ベストをつくして他人を発奮させれば相手に影響を及ぼしていることになるのである。

スティーブ・ジョブズは大きな社会貢献をしたが、それには特定の相手がいたわけではない。彼は、テクノロジー産業やコンピューター市場、もしかしたら顧客さえも眼中になかったといわれている。

彼は多くの資産家とは異なり、公益目的の非営利団体も設立せず、自分が何を与えたか世間に誇示する気もなかった。あなたが知っているのは、自分らしさを全開にした、彼のその生き様だ。

少し説明不足かもしれないので、例を挙げて説明しよう。

たとえば、アーティスト（歌手、ダンサー、作家、デザイナーなど）の創作活動は、特定の相手を意識して行っているわけではないはずだ。自分らしく生き、クリエイティブで自由な表現を追求することを目的としているに違いない。

アルバムを何百万枚も売り上げる歌手は、音楽界と世界中の大勢のファンたちに何らかの貢献をしているが、自分ではそんなふうに思っているわけではなく、クリエイティブな試みに全力を注いだだけだ。

私たちが考えるような「貢献」は、単なるあとづけにすぎない。個人的な話になるが、私は、思いやりを大切にして真面目に生きる人たちに、これまで数多くの刺激を受けてきた。彼らは私の人生に大きな影響を与えてくれたが、彼ら自身は自分が「貢献している」とは思ってもいないだろう。

自分の最大の強みを活かして努力すれば、誰でも社会貢献できるのだ。

あなたも、自分自身を全部差し出そう。それも1つの貢献だとわかれば、意義と生きがいのある人生を手にできるに違いない。

また、**自分の行為を自分で褒める**ことも重要だ。

実は社会的貢献は、自分のアイデンティティの一部になる。しかし、私たちはそのことを忘れがちだ。なぜなら、他の行動意欲と違って、貢献意欲にはさまざまな罪悪感が伴うからだ。

自分は家族や同僚、地域社会に十分な貢献をしていないと、誰もが漠然と感じている。世界中とつながれる現代では、特にその傾向が強い。

少し時間をかけて考え、次の文章を完成させてみよう。そして、今後はプロジェクトを仕上げたり、自分が褒められたりしたら、その余韻に浸る時間を作ろう。満足感をたっぷり味わうべきだ。あなたはそれに値する人間なのだから。

・家庭生活で、私がこの1年間に貢献し、影響を与えたことは……
・私が親友の人生に影響を与えたことは……
・最後までやり遂げたが、自分をまだ一度も褒めたことのないクリエイティブなプロジェクトは……
・世の中に貢献する自分を褒めるようにしたら、私の人生はこう変わるだろう……

自分がこれまでに社会に与えてきた影響と貢献に、今こそ気づかなければならない。あなたが社会に影響をもたらしてきたことは確かだ。それが望み通りの大きさだったか、長続きしたかどうかなど、そんなことはどうでもいいのだ。

自分はすでに貢献していると、自覚することが大事なのだ。

実践方法2――有意義な貢献に対して、与える

貢献のもう1つの性質は、**他人や利害関係のない目標に何かを与える**ことだ。

時間、エネルギー、努力、資産、スキル、人脈、関心など、あなたが与えられるものはいろいろあり、チームや会社、家族、応援している非営利団体に愛を与えることもできる。

「差し出す（giving of）」は、自分の資質や資産を自分自身のためにかき集め、それが結果的に社会に影響を及ぼすことである。一方、「与える（giving to）」は、具体的なものに直接貢献する明確な目的を持って、自分の資質や資産をかき集めることだ。

「与える」ことのほうが、貢献に的を絞った戦略的なアプローチなので、効果的である。

しかし、世間が評価と見返りを与えるのは、当然「差し出す」のほうだ。

とても有意義だと自分が思った試みに、影響を及ぼす目的を持って何かを与えることは、生きがいと満足感につながる。しかし、この「とても有意義だと自分が思った試み」というフレーズに注目してほしい。

ここが、「差し出す」タイプがつまずくところだ。

「とても有意義」かどうかを決める基準がないと、人はプロジェクトや目標を無作為にボ

ランティアの対象に選び、しまいに「こんなはずじゃなかった」と失望する。目的のために何かを与えることに興奮し、積極的に関わって時間やエネルギー、お金などを差し出したものの、自分が本当に影響を与えたのか実感できない、あるいは満足感が得られなくなってしまう。

つまり、どちらのgivingを基盤にした活動をするかの選択は、正しい目標を選択することと同じくらい重要なのだ。

私はこれまでの経験から、giving体験——対象が目的であろうと、プロジェクト、集団、家族、コミュニティであろうと——がすべて平等に生み出されるわけではないことも承知している。

実は、とても有意義なgiving体験は、3つの条件を満たしている。いわば、「貢献満足度を高める3条件」だ。

この3つの条件を覚えておけば、この先、貢献対象の選別に迷ったときのフィルター代わりとなってくれるだろう。そのうえ、どの貢献があなた個人にとって最も有意義で、社会全般にとって最も有益なものになるか、知る手立てにもなるはずだ。

1つ目の条件は、**自分の強みを活かせるクリエイティブな活動である**ことだ。

前章の自由な表現をするチャンスは、満足度が高く、意義の大きいgiving体験を見いだすのに欠かせない行動意欲である。

たとえば、あなたがデザインの才能にとても恵まれているとしたら、目的が何であれ、とにかくデザインするチャンスを探そう。なぜなら、どんなに大切な目的でも、どんなに熱心に取り組んでいるgiving体験でも、そこにあなた特有の意見や才能、視点などを活かす機会がなければ、きっと途中でやめてしまうからだ。

2つ目の条件は、**他人を教え導く行為が必ず含まれている**ことだ。

学校の先生と話をしてみるといい。先生が生徒の目の輝きについて話すのを聞けば、彼がなぜその仕事にやりがいを感じているのかがわかるだろう。

自分より経験や考えが浅い人を教え導くことほど、やりがいのあるものはない。不思議なことに、ほとんどの人たちはそれを知っていながら、貢献方法を選ぶ基準にしていない。新しい職業やプロジェクト、ボランティアなどを決めるとき、「これで他人を教え導くチャンスが得られるだろうか」と考える戦略的な人間はほとんどいない。

教え、導き、助言するという行為は、貢献しているという実感を私たちに存分に味わわせてくれるのだ。

3つ目の条件は、**自分たちの努力が直接、社会に及ぼした影を見られる**ことだ。

たとえば、あなたが炊き出し所でボランティアをしているとしよう。もし裏方として食材の荷卸しに追われるばかりで食事を味わって喜ぶ人の顔が見られなければ、この体験はあなたにとって満足できるものにはならない。

特に人に対して、自分の努力がどんな影響を及ぼしたかを目と耳で確かめることが重要なのだ。

さて、貢献の仕方について考えるためのフレームワークを提示してきたが、giving 体験すべてを楽しくて胸が高鳴るようなものにするとか、ゴールは1つに絞るべきだとは、けっしていっていない。

貢献とはたいてい、本来ならしたくないことをすることだ。でもその中に、心地よさを感じさせてくれるものがあるかもしれない。新しいことをして、リスクを負い、一所懸命努力し、壁にぶつかり、新しい人たちとつながり、それがどんなにつらい旅でも大切なもののために闘う――これが人生を生き生きさせてくれるのだ。

実践方法3――メンターシップの重要性を理解する

前述したように、他人を教え導くことほど貢献意欲を刺激されるものはない。

あなたが今、人生のどの地点を歩いていようとも、その後ろには大勢の人たちがいて、あなたがどうやってこんなに遠くまで歩いて来られたのかを知りたがっている。

子どもたちは、あなたがどうやって伸び伸びと学生生活を送り、今の仕事にどうやって就いたのか知りたがっているし、同僚たちは、どうすれば仕事の能率が上がるのか知りたがっている。転んでばかりいる人たちは、どうすれば歩き続けることができるのか知りたがっている。

メンターシップには不思議な力が働く。それが職場での関係であっても、友人同士のコミュニティであっても、青少年を対象にしたボランティア団体であっても同じだ。

メンターシップでは、相手があなたを必要としているのと同じくらい、おそらくあなたも助言する相手を必要とする。そこがメンターシップのいいところだろう。あなたがロールモデルとなり、その役割に徹することで、あなたの中に最大限の力を発揮させる行動意欲が生まれてくる。**他人の成長を手助けしたいという思いによって、あなたの最大の美徳と信条が余すことなく引き出される**のだ。

長い期間メンターシップを築いていると、相手との関係もその分深まり、目の前にいる相手の中に自分の影響が見えてくるようになる。いい換えれば、親子関係に似ているといえるだろう。

つまり、あなたは誰かの成長を見守るという恩恵を受けるのだ。しかし、親子関係とは異なり、相手はあなたに依存しているわけではない。一緒に暮らしているわけでもなく、あなたの話を聴く必要性もなく、我が子と比べて接点も少ない。だからこそ、相手との時間を有効に使わなければならない。

私は拙著『自分の価値を無限大にする仕組み』の中で、次のようなシンプルなモットーを掲げている。

・あなたのライフストーリー、知識、メッセージ、あなたが経験から学び世界に伝えたいと思っているものは、あなたの想像以上に市場価値がある。
・あなたがここにいるのは、この社会に影響をもたらすためであり、それを実現させる最善策は、自分の知識と経験を活用して他人の成功を助けることだ。
・他人の成功を助けるアドバイスやノウハウには対価がもらえ、その過程であなたは非常に利益性の高いビジネスと有意義な人生を築くことができる。

私はこの3つのモットーを用いて、世界中の何百万人もの人たちが、自分の知恵と経験の意義と市場価値に気づく手助けをしてきた。彼らにキャリアの一環として、他人を人生の改善と成功に導く仕事を示してきた。

あなたが自分の知恵を活かして世界に貢献できないという理由は1つもない。と同時に、自分の貢献に対価がもらえない理由もない。利益と目的は、自分の学んだこと、リサーチしたこと、人生で証明したことを他人に伝えるというサービス型の商法を使えば融合できる。

私が今、なぜこの話をしたのかというと、仕事とメンターシップには明確な境界線など必要ないと思っているからだ。

現代社会において、仕事からメンターシップは切り離せない。利益と目的はもはや、矛盾しない。あの銀行の窓口係を導いているジェニーのように、私たちは他人に手助けするだけで、職場やキャリアで影響をもたらすことができるのだ。

この章の締めくくりに、ここまで提示してきたさまざまなアドバイスに関するもっと広い見解を紹介しよう。

ホロコーストを生き抜いた精神分析医のヴィクトール・フランクルは、『夜と霧』（池田香代子訳、みすず書房刊）の中で次のように述べている。

「人間のいちばんの関心事は、喜びを得ることでも苦しみを避けることでもない。人生に意義を見出すことである」

あなたも人生の意義の深さはどうやって測ればいいのか考えてほしい。人生の良し悪しが意義の深さで決まるなら、自分は今、それを作り出そうとしているところなのか、それを体験しているところなのかを考えてほしい。

私が見つけた最善の答えは、やはり「貢献すること」だ。

人生の最後に、人生の意義について振り返ったとき、私たちは自分が必要とされる人間だったか考えるだろう。その答えを見つけるためには、自分とつながりのある人たちと自分がした貢献に目を向ければいい。

その貢献は自分自身を差し出したか。心から正直に愛したか。然るべき時間や関心、受容、愛情を与えたか。そして、社会と周りの人たちに何を貢献したか……。

結局、それが人生の意義を測る目安となるのだ。

◈満たされた人生にするためのポイント◈

1．自分が社会に貢献していると感じることは……

2．私が望む、新しくて有意義なgiving体験は……

3．私がメンターシップを通じて活用できる人は……

第12章

意識に対する行動意欲

「人生の目的は生きること。生きるとは知ること。喜びに満ち、酒に酔い、穏やかに、神のごとく知ることだ」

——ヘンリー・ミラー

交通事故で人生のゴールデンチケットを受け取る

目を覚ますと、ケビンが叫んでいた。

「車から出ろ、ブレンドン！　早く出ろって！」

助手席から見ると、ケビンはヨレヨレの状態で叫びながら、運転席側の割れた窓から必死に出ようとしていた。顔が血まみれだった。

私たちがカーブを回ったとき、時速は135キロメートルを超えていた。アメリカなら、U字型の矢印が描かれた「減速すべし」と警告する黄色の道路標識が立つくらいの急カーブだ。

しかし、ここはドミニカ共和国。

私たちが走っているのは完成したての道路だ。標識など1つも見当たらない。そしてこのカーブが、私の人生のターニング・ポイントになろうとしていた。

実は、私はその数カ月前に初めて愛した女性と別れて以来、うつ状態に陥り、心は死んだも同然だった。

当時たったの19歳。でも、生きる希望も目的も見失い、ただ漫然と生きていた。

そんなとき、夏休みの間だけドミニカ共和国で働く話が舞い込んだ。私は迷わず飛びついた。こんな状態から抜け出すには町を離れるだけでは駄目だった。国を離れる必要があったのだ。

そういうわけで、私は幼馴染《おさななじみ》のケビンとドミニカ共和国に渡り、トラックの装備を売る仕事の手伝いをしていた。

その日、私たちは真夜中近くにお客の家から帰る途中だった。いかにもカリブ海に浮かぶ島らしい、真っ暗で蒸し暑い夜だった。窓をすべて全開にし、ラジオから流れるトム・コクランの『ライフ・イズ・ア・ハイウェイ』を大音量にして聴いていた。

両脇を暗いジャングルに挟まれた道路を疾走《しっそう》すると、湿った空気が車内に流れ込む。私はうつからいっとき解放されたような気がした。重苦しかった孤独と悲しみが、音速で軽くなっていく。目を閉じ、自分の心が麻痺《まひ》しているのを忘れようと思い切り大声で歌った。

そのとき、ケビンが叫んだ。

「おい、ブレンドン、しっかりつかまってろ！」

目を開けると、前方を照らしていたヘッドライトが道路から外れ、暗闇に飲まれていた。ケビンはハンドルをつかんで思い切り右に切り、必死でカーブを曲がろうとしたが、遅すぎた。車は後部を左右に振って浮き上がり、道路から外れてスピンした。

私は身体をこわばらせ、心の中でこういった。

――神様、まだ覚悟ができていません。

まだ人生を存分に生きていない――そう思った。その感情は、奇妙なほどとてもリアルで長く続いた。非常時には時間の流れが遅く感じられるというが、このときがまさにそうだった。死への入口に突き進んでいる私の頭に、ふとこんな疑問が浮かんだ。

――僕はしっかり生きただろうか？

車は灌漑《かんがい》用の小さなくぼみの中に落ちていく。身体が横に投げ出されそうな勢いで車体がクルクル回っているが、身体はシートベルトで座席にがっちり固定されていた。そして、奇妙な無重力状態を感じながら、私たちの身体もクルクル、クルクル……。

目を閉じているのに、私には「みんな」の姿がはっきり見えた。でもそれは、思っていたような見え方じゃなかった。こういうときは、これまでの自分の人生が神の視点で見えるのかと思っていた。映画でもよくあるじゃないか、思い出の場面が走馬灯《そうまとう》のように現れ、自分が成長していく姿が見えるというような……。

でも、私が見たのは今の自分の姿でも、チョロチョロ走り回る幼い頃の自分の姿でもなかった。

見えたのは、「みんな」の姿だ。

目の前と横に友人たちや家族が立っている。みんな、我が家のリビングテーブルに置いたケーキを囲んで歌っていた。私の20歳のバースデーパーティーだ。母がうれし泣きしながら、いつも家族の誕生日に決まって歌うヘンテコな歌を楽しそうに歌っている。

すると場面が変わった。今度は姉がいた。私の隣でブランコを漕《こ》いでいる。目が合うと、にっこりと美しい笑顔を見せた。

さらに場面が切り替わる。目に焼きついているこれまでの人生が、次から次へと現れた。どれも、愛する人たちに囲まれている風景だ。彼らの姿はとてもリアルだが自分はその場におらず、スローモーションの画面を自分で切り替えているような感覚だった。

私は、自分が愛する人たちと、自分が死んだら悲しむ人たちのことを思った。強烈な後悔が湧き上がった。

——僕はみんなをしっかり愛しただろうか？

車が地面に激突し、私は気を失った。

目を覚ますと、ケビンが車から出ろと叫んでいた。助手席から彼を見た。彼はヨレヨレになって叫びながら、割れた窓から脱出しようとしていた。

こっちを向いた彼の頭の右側がぱっくり切れて、顔全体が血まみれだった。

「出ろ、ブレンドン！」

パニックを起こしながら、窓を通り抜けようとしている。

車から火が出ているのか、何がどうなっているのかわからなかった。でも、ケビンの声だけで十分だった。逃げようとして右を向くと、助手席の窓枠がつぶれていた。天井も私の頭すれすれにまでつぶれている。脱出口は、フロントガラスがあったはずの、目の前の小さな隙間《すきま》だけだった。

腕や脚や腹に切り傷を作りながらその狭い空間をすり抜け、やっとの思いで白いボンネットの上に立った。身体中に血が滲《にじ》み、脚にもサンダルにも、車のボンネットにも滴《したた》っていた。めまいがして、気が遠くなった。ゆっくりと生気が抜けていき、これで本当に死ぬのだと実感すると、恐怖が心臓からつま先までゆるゆる広がった。弱気に襲われ、死ぬ瞬間のことを思った。必死でその考えを振り払い、泣き始めた。

――僕は誰かに必要とされただろうか？

黒い靄《もや》が視界を覆い、自分が死にかけているのを感じた。

これでおしまいだ、そう思った。

そのとき、つぶれた車のボンネットの端っこがキラキラ輝き、私は我に返った。私の血が垂れている大破した車体の片側に、まぶしいほどの光が反射していた。顔を上げると、真っ暗な空に大きな満月が浮かんでいる。

うっとりするような月だった。これほど大きくてまぶしくて美しいものを、こんなに間近に見るのは初めてだった。自分が人生の残骸《ざんがい》から引き上げられて、天国と夜空を横切る青い波動に深くつながるのを感じた。

痛みもなければ、感覚もない。あの一瞬の無の静寂を、私はこの先、けっして忘れはしないだろう。

やがて、ゆっくり意識が戻ってきた。この体験は幽体離脱とは違っていた。それどころか、私はありのままの自分とこれまでにないほどの強いつながりを感じたのだった。

意識が戻ると、感謝の気持ちに包まれた。このとき感じた命に対するありがたみは、今もまだうまくいい表すことができない。まるでその瞬間、私が見上げた空から神様が降りてきて、私の心を癒し、人生をやり直すためのゴールデンチケットを手渡してくれたような気がした。

「さあ、受け取りなさい。おまえはまだ生きている。再び人を愛することも、誰かに必要とされる存在になることもできる。前に進んで、やるべきことに取りかかりなさい。時間はかぎられているのだから」

あの夜、空を見上げてチケットを受け取りながら、こう思ったのを覚えている。

——ありがとう。ありがとう。このチャンスをけっして無駄にはしません。

言葉にできない感謝の気持ちが私の胸に湧き上がり、以来、一度も消えたことがない。涙が頬《ほお》を伝うのを感じた——うれし涙だ。数カ月ぶりに私の魂が歌っていた。

これは16年前の話だが、ケビンと2人で人生のゴールデンチケット——人生をやり直すチャンスをもらったことを、私は今でも感謝している。2人とも生き延びて、今は元気で暮らしている。

私はあの事故を頻繁に思い出し、なぜ、あの体験が人生を一変させたのか、今ようやく理解できるようになった。

数分間という空白の中、私は意識の底に沈み、自分という人間のあり様に関する思考の波にもまれていた。その後、肉体の感覚から解き放たれ、痛みも限界もない広い意識へつながった。そして、人生で大切なものに対する意識の変化を体験し、自分の手で意義のある人生を築いていこうと決めたのだ。

だが、それだけではない。私を取り巻く壮大な意識の片鱗《へんりん》に触れ、人生に自分以外の大きな力が働いていることを初めて感じた。事故がきっかけとなり、哲学者や心理学者、神経学者、求道者が「意識」と呼ぶ、2つの大きな概念を実感したのだ。

初めの「意識」は、「心」と同じ意味で使われてきた。つまり、考え、自覚する人間特有の能力だ。「我思う、ゆえに我あり」というデカルトの言葉が、それをうまく表現している。

神経学者たちはこのレベルの意識を研究し、私たちの認識をひとまとめにして「心」を形成しているのか、その正体を暴こうとしている。神経学者のアントニオ・ダマシオは『無意識の脳　自己意識の脳』（田中三彦訳、講談社刊）の中で、意識を「生命体が持つ、自己と周囲のものに対する認識」と呼んでいる。

私たちの内的世界、外的世界に対する認識は、主に五感が感じ取ったものだとするこうした考え方は、意識的思考を考える際の最も適切なアプローチといえる。

もう1つの「意識」は、もっと深遠なレベルのものだ。

こちらは宇宙や神が持つ、万物をまとめるエネルギーや力として定義されている。いわば、「神がまばたきする、ゆえに我あり」だ。

意識の「霊的」「高次元的」側面は主に、人間の自覚を形成するものだけでなく、宇宙そのものを統一させているものにも関心を寄せる宗教的、精神的探求者の研究分野である。彼らにとっての意識とは、心や五感で感じ取るだけのものではない。姿かたちをとらず、人間の理解を超えるエネルギーや霊体と結びつき、肉体の外にも存在するものだ。これはもう「超越論的意識」の話に近いかもしれない。

高次意識を体験することへの意欲、それは人類最高の特質だ。

では、意識を最大限に高めて生きるには、どうすればいいのか。

そして、その最大限に高めた意識をどうやって超えればいいのか。

私たちは、自分の意識的思考をもっとコントロールしたいと思う一方で、そこから解放され、もっと次元の高い意識を体験したいとも思っている。

この章では、意識に関するこの両方の概念を探り、自信に満ちたエネルギッシュな人生を送るヒントをあなたと共に見つけようと思う。

意識に対する行動意欲は、現代生活で議論されることはめったにないものの、私たちのあらゆる行動に非常に強い影響力を持ち続けているからだ。

実践方法1――意識を集中させる

「人間の意識」と呼ばれるものは何か。

それは昔から、私たちを目覚めさせるもの、気づかせるもの、考えさせるもの、あるいは心を操るものといわれてきた。

この要素は、私たちの生き方に関わる魅力的な疑問の素になっている。そして、誰もが求める高次元の体験への道を切り開いてくれる可能性も秘めている。

「意識」というと、生きている状態と覚醒《かくせい》している状態を連想するのが普通だ。昏睡《こんすい》状態や、トラウマ、アルコールやドラッグの過剰摂取による意識不明も同じだ。こうした定義によれば、人間は覚醒状態でなければ、理解することも、感じることも、予測することも、判断することも、何かを始めることも、自分をコントロールすることもできないことになる。

さらに覚醒状態とは、自分の身の周りの出来事を認識しているということだ。これは、意識のもう1つの顕著な特徴である。

自分は誰で、どこにいて、何をしているのか、なぜそれをしているのか、今、社会のどこに居場所があるのか自覚していれば、完全に意識のある状態だと考えられる。

私たちが感情の意味を察し、思考をまとめることができるのは何かのおかげだということはわかっているが、その「何か」はまだわかっていない。

意識に関するこの問題は、ぜひ、突きとめなければならない。私たちが自分自身と周りの環境をもっと意識すれば、順応性の高い人間になれるはずなのだ。

その答えを出すには、意識すべきことにどうやって意識を集中させるか、という興味深い疑問から手を引かなければならない。

私たちは、意識という心の計器に自分が欲するものを何でも当てはめることができる。

だから、**何を監視し、何に注意を向けるべきか**、自分で決めなくてはならない。

ここまで、意識と思考のコントロールについてずっと触れてきた。しかし私たちは、意識的な体験から多くのものを求めている。ではここで、満たされた人生を送るために、意識を集中させるべき5つの分野を挙げてみよう。

1．思考に意識を持つ

この本の主なテーマは、自分自身の思考、感情、エネルギー、体験、そして人生の意義を意識的にコントロールすること。つまり、これらを無意識や惰性に任せるのではなく、意識を持って自分で舵《かじ》取りすることだ。

手始めに、1日数回、自分にこんな問いかけをしてみよう。

「今、この考えのどこに焦点を当てようか？」

これは、「今、何に焦点を当てて考えているのか？」と訊いているのとは違う。後者は、自分の心が焦点を合わせているものを「知る」こと、前者は心を「向ける」ことだ。

自分が何に焦点を合わせて考えているか知ることも大事だが、知ることと自分で方向決定することは違う。実際、人はどうでもいいことに焦点を当て、無意識に考えをめぐらせていることが多い。

つまり、今のあなたの考えが、より高い意識を持ち、より巧みに人生をコントロールする手助けになるとはかぎらないわけだ。

たとえば、今、あなたは最初に飼ったペットのことを何げなく考えているとしよう。この取りとめもない考えに意識を持つのも大事だが、もっと高い意識を持ちたいなら、「今、この考えのどこに焦点を当てようか？」と自分に問いかけてみるべきだ。

2. 感情と体力に意識を持つ

「私は今、どんな気持ちになるだろう？」

これも1日に数回、自分に問いかけしてみよう。「私は今、どんな気持ちか？」ではないことに注意してほしい。

あなたが今、感じていることは無数の衝動と内的世界、外的世界への反応の集合体であり、「今、私はどんな気持ちか？」と問いかけた瞬間にそれが統制される。自分の気持ちを考えると、衝動と進行中の体験に関する多くの情報が得られるが、自意識を高める助けにはさほどならない。自意識をしっかりコントロールしたいなら、感情を衝動に任せるのではなく、どう感じるべきか自分で決めるべきだ。

さらに、「今、どんな気持ちになるべきか？」だと意味が違ってくる。この答えは、自分がその場の状況から判断して作り出すのではなく、記憶をたぐって見つけ出す。つまり、感じるべき気持ちは、過去にあなたがどう感じたか、あるいは他人ならどう感じると思うかと考えなければ実感できない。

一方、「今、どんな気持ちになるだろう？」は、心を現在の状況に向け、これからの気持ちをあらかじめ明確にしておくことで、与えられたいかなる状況にも意味づけできるようにしている。

ただしこれは、あなたの実際の感情を質《ただ》すものじゃない。当然のことながら、感情はたいがい自分の思考によって決められているが、肉体的エネルギーも大いに関係がある。体が疲れて切っているときは、悲しさやイライラや不安を感じやすい。

3．行動に意識を持つ

行動は、その人の人間性を如実に表し、自分に対する他人の感情だけでなく、自分自身のその後の人生にも大きな影響を及ぼす。

行動が「ずれて」いれば、気分も悪くなる。取るべき行動を取らなければ、自分自身に罪悪感と不満を持つだろう。これは、自分に対する行動でも、他人に対する行動でも同じだ。

高い意識を持つ人は、常に自分自身に誠実で、他人に深い敬意を抱いている。私たちは、絶えず自分の行動を確認し、監視することができる。それを肝に銘じ、今の自分の行動とそれが社会に及ぼす影響を最優先で考え、意識的に行動をコントロールしなければならない。

4. 他人に意識を持つ

精神統一をして禅の達人になったとしても、同時に他人にも高い意識を向けられるようにならなければ、人とのつながりが重視されるこの時代ではあまり役に立たない。だからこそ、他人のことも知るべきだ。自分自身の人生を洞察し、同時に、他人の人生も洞察する努力をすべきだ。

今、他人はどう考え、どう感じているのか。

そして、私はどうやって彼らと交流し、彼らに影響を与えればいいのか。

絶えず自分にこう問いかけることで、私たちは人間関係においても、意識的思考のレベルを上げることができる。

5. 自分の進歩に意識を持つ

意識的思考のゴールは、自分の内的世界、外的世界をコントロールする意識を持つことだ。それは、今の自分の生活を安定させるためだけでなく、自分が進歩するために他ならない。

私たちは、どう生きて何を遺すか、自分で決めたいと思っている。本気でそう思うなら、自分の成長について絶えず意識的に考えてみてはどうだろうか。

私は望み通りの速さで人生を歩んでいるか。

取るべき行動を取っているか。

このように、自分に問いかけるべきこと——集中すべきことが、山ほどあるように思えるだろう。意識は人生の偉大な監視人であり運転手だと考えるといいのだ。

実践方法2——意識を超える

「心」以外に、私たちは、ある感覚に動かされている。

それは、「心」以上に正体がつかみにくい何か——コントロールすることも想像することもできない、計りしれない何かが存在するという感覚だ。

私たちは心の奥底で、あるいは高尚な願いを抱いて、自我を超えてもっと高い次元の存在とつながりたいと思っている。

自分たちの現実と、世界や宇宙、そして神との関係について理解している実感を味わいたいと思っている。私たちがスピリチュアリティに関心を持ち、人生に目的や意義を見いだし、万物との一体感を求めようとするのは、この感覚のせいだ。

私たちが高次の存在の片鱗に触れることを願って宗教を興すのも、自然に癒しを求めるのも、宇宙とのつながりを求めるのも、人間を人生の意義と目的探しにかり立ててきた実存的な問いかけを自分にするのも、すべてこの感覚が原因なのだ。

これは、**大いなる意識を理解し、それとつながりたい**という意欲である。その意欲を満たすために、誰にでもできることがある。人類最大の驚異は、意志の力で望み通りの心の状態をつくり出せることだ。

意志の力さえあれば、目を閉じるだけで幸福感を味わえる。悲しみ、怒り、希望、退屈、愛――どれも自分で選ぶことができる。しかも、超越した心の状態を一度だけでなく継続的に作り出すこともできる。それによって、この世にはない大きな存在を感じ取り、高次の意識につながることができるのだ。

では、それを実現するにはどうすればいいのだろう。「今」を生き、偶然と直感を大事にし、愛のある生活を送ること。そうすれば、この不思議な力をもっとよく理解できるはずだ。

●「今この瞬間」に意識を持とう

前述したように、ほとんどの人は忙しさに翻弄《ほんろう》される生活を送るがゆえに意識が散漫になり、その瞬間の真価を感じることができない。

しかし、人生が流れているのは**「今この瞬間」**だ。

そして私たちが、万物との一体感と、意識とのつながりを感じられるのも、まさに「今この瞬間」だけである。今、意識していることは、明日に持ち越すことも、過去の体験から引き出すこともできない。私たちがそれを感じ取れるのは今、100パーセント心を注いでいる「今この瞬間」しかないのだ。

「今を生きる」とは、現在に全神経を集中させ、心を開くことだ。そして「全神経を集中させる」とは、自分の意識と精神的、感情的、肉体的エネルギーを「今」にすべて注ぐ努力をすることである。

しかし、私たちは「今」を存分に味わっていない。なぜなら、体験を分類するのに忙しいからだ。これではまるで、風光明媚《めいび》な観光地を訪れた旅行者だ。彼らはカメラを取り出すのに忙しくて、せっかくの景色に目もくれない。写真は撮るが、景色を堪能することはない。

私たちは始終気持ちを分類し、固定するのをやめ、今、目の前にあるものを大事にし、それに100パーセント心を注がなくてはならない。

●偶然と直感に意識を持つ

「今この瞬間」を生き、意識とつながる努力をしている人は、自分の人生に必要な人や物が現れたらすぐにピンとくるはずだ。

たとえば、次回の製品のアイデアを思案中、「今」に心を全開にして散歩をしたら、急にアイデアが浮かぶ。あるいは、人脈作りのパーティーに出席したら、部屋の反対側にいた知らない人に無性に挨拶がしたくなる。これらは、いわゆる**「意識的偶然」**の瞬間だ。偶然とは、何かが他の何かと同時に起こることをいう。辞書には、「同時性があり、脈絡があると思われるゆえに注目すべき出来事が発生するチャンス」と定義されている。

コーヒーショップで長らく音信不通だった恋人とばったり出くわすのは、「チャンス」ではないのかもしれない。それはきっと「運命」だろう。だが、チャンス、運命、あるいはそのミックスを信じようが信じまいが、人や物が「今」を生きる私たちのもとへもたらされた経緯と理由に意識を向ければ、誰でも偶然の恩恵を授かることができる。

しかし、誰もが偶然を信じているわけではない。

宇宙も無作為に広がっているのだから。

それでも、意識との高次のつながりを実感するには、私たちの信じるものが全能の存在であろうとなかろうと、この瞬間が私たちの人生に登場させようとする人や物に注意を払わなければならない。そのために、偶然に目を光らせておく必要があるのだ。

また、偶然に直接関連するのは、**「直感」**という概念だ。

直感は、他の何かと同時に発生する「勘」のことだから、偶然の一種といえる。

たとえば、母親のことを考えているときに、「電話すべきだ」という直感が働くこともある。あるいは、飛行機に乗る直線に、搭乗ブリッジから降りたい衝動に駆られることもある。講演で世界中を回って聴衆を観察すると、大半の人が自分の直感に耳を傾けていないのがわかる。

理由は簡単だ。多くの人たちが明日のことにばかり気を取られて、「今この瞬間」に何も感じられないからだ。それを改善するには、もっと「今」を生きること、そして自分の周囲の状況をただ感じ取ること、それしかない。

●愛に意識を持つ

世界中の宗教が核にしているものは**「愛」**だ――「徳」や「価値」と呼ばれることも多い。私たちは愛から生まれ、愛を目的に生き、愛に帰ると教えられる。

この「愛」にも、細心の注意が必要だ。

あなたはすでに、愛の価値を知っている。生まれてからずっと、それを求め続けてきた。しかし、ここで問いたいのは、あなたが愛をどれほど感じ取り、どれほど愛に生きているか、ということだ。

人によっては、答えに大きな差が出るだろう。愛を求める人たちはたいてい、コップを満たす術を求める。誰かとつながり、大事にされる実感を求めている。もちろん、これも人間の行動意欲の1つである。

しかし、そこに意識とのつながりを実感できる方法が1つある。

それは、**身近にある愛に心を注ぎ、生活の中で愛を実践し、愛のある人間になる**ことだ。身近な愛を感じることには効果がある。しかし、愛のある人間となって愛を実践するとなると、別の意識が必要になる。私たち全員が愛を得ることを目標に生きているなら、愛を与える側に立ってはどうだろう。

つまり、「求めよ、されば与えられん」から「与えよ、されば与えられん」へ焦点を変えるのだ。愛は私たちの身近に存在し、自由に与えられてきた。今度は、私たちは見返りを求めずに愛を与えるべきなのかもしれない。

この話があなたの心に響いたら、ぜひ今日から、そしてこの先ずっと、もっと愛し続けてほしい。身近な愛に気づいてほしい。表情や行動で他人に愛を示してほしい。何かを決断する前に、愛という観点から考えてほしい。愛についてオープンに語ってほしい。

それができれば、あなたの人生はきっと生き生きしてくるはずだ。ピエール・テイヤール・ド・シャルダン（フランス人のカトリック司祭、古生物学者、地質学者）がこう述べたように……。

「私たちはいつか、風や波や潮流や重力の次に、愛をエネルギーとして利用するだろう。そうなれば人類は、再び火を発見したことになる」

存在感、偶然、直感、愛——これらに対する意識を高めることが、私たちの周りにある意識への理解を深めるのだ。

▼実践方法3——驚きを大切にして生きる

カリブ海に浮かぶ島でつぶれた車のボンネットの上に立ち、生き直すチャンスをもらったことに感謝しながら空を仰いだとき、私はこの世界に対して畏《おそ》れと驚きという深遠な気持ちを抱いた。

その夜にも、そして人生にも、何か不思議な力が働いているような気がした。

あのときの気持ちは今も忘れていない。そしてそれが、いつも私の自信やエネルギーの源になっている。

宇宙の不思議な力に畏敬と感謝の念を抱けば、宇宙とのつながりを容易に実感できる。結婚した相手の心の広さに驚いたときや、相手の人間性の素晴らしさと自分への愛の深さを知ったときに親近感が増すように、意識も身近に感じることができる。

昨今、私たちは、身近な驚異を見落としがちだ。

たとえば、携帯電話の通話が途切れると不安になる。あの手元の小さな四角い箱から出たシグナルが、遠いどこかの基地局や宇宙の人工衛星を経由し、猛烈なスピードで空中を飛んで70億人の中から適切な人間の小さな四角い箱に届くという、まるで神業《かみわざ》のような事実を忘れてしまっているのだ。

意識を高めるには、**生活のペースを落として身近な驚異に気づく**ことが必要だ。川の流れ、空の青さ、子どもの笑顔、穏やかな朝の静けさに驚異を感じられるようでなくてはいけない。自分の中に畏敬の念が生まれるのをただ待っているだけでは駄目だ。刺激反応動物の頂点に立つ私たちは、自分の感情を養い、自由意思を導いて、自分たちの中に畏敬の念を生み出すことができる。この瞬間、私は何の抵抗もなく、宇宙の驚異に畏敬の念を持つことができる。そうすることで、意識をより身近に感じられる。

私たちがこの永遠に広がり続ける宇宙に生きているというのは、驚くべきことだ。

私たちがいるのは、時速約1600キロメートルで回転し、時速約10万5000キロメートルで太陽を周回している小さな青い球体の上。しかし、無数の命が存在するこの球体は、100億光年以上も広がり続ける宇宙の小さな点にすぎない。

宇宙の果てがどこなのか、私たちには見当もつかない。

紀元前4世紀頃の哲学者アルキタスはこういった。

「宇宙の果てで棒を1本突き出したところで、何がわかるというのだろう」

私たちは、宇宙の無限の広がりと、その中で育つ自分たちの信じがたい能力に驚嘆すべきだ。「私たちに生きるエネルギーを与えてくれるものは何なのか？　神か？　宇宙か？　単なるめぐり合わせか？」と。

そして、「生き生きした人生」を送りながら、心からの驚異と畏敬の念を持ってこうした疑問に対峙しなければならない。

今夜、この文章を書いていたら、父がそばにいるような気がした。心からの驚異と感謝の念を抱きながら、この感覚を味わっている。

父はもうこの世にいない。とても会いたいが、ときどき父のエネルギーをとても身近に感じる。宇宙はきっと私たちのエネルギーが永遠に続く、不思議に満ちた場所なのだろう。


自意識という計器に目を配りながら生き生きした人生を送ると、平凡な考えから脱却し、エンジンを全開にできる。そして、人生に高い目的と意義を見つけるという意欲も、環境に流されずに偉大な存在とつながる意欲も湧いてきて、自分の世界が広がっていく。間違いなく、人生の質が変わる——もっと意識的に計画された人生を送ることができる。これ以上、望むべきものはない。

さて、私たちは自分自身のコントロールを衝動だけに任せるのか、それとも、自分の関心と行動を次元の高いモチベーション、意義、モラルに向けるのか。

世界が自分の目の前を回転しながら通り過ぎるのを、指をくわえて見るのか、それとも、自分の存在感を利用してその回転を緩め、それを手に取り、その不思議な力を正しく理解するのか。

最後の一瞬を迎えるそのときまで、毎日、人智を超える力にただ何となく驚くのか、それとも、かぎられた感覚の束縛から抜け出して、神の愛とつながり、それを実践する生活を送るのか。

すべて、選ぶのはあなた自身だ。

◆満たされた人生にするためのポイント◆

1. もし、私が自意識に気づいてそれをうまく方向づければ、私の人生はこんなふうに変わるだろう……

2. 日頃から高い次元の意識とつながるために私ができることは……

3. 世界と私のいる場所に対する驚異の念をかき立ててくれるものは……

読者のあなたへ、最後のメッセージ

人間的な行動意欲は10あるにすぎないが、それを完璧に活かすのはあなたにも私にも難しいだろう。よりよく理解し、うまく働くよう努力はしても、一度にすべてを制御するなど無理な話で、1つマスターするのさえ不可能かもしれない。

不可能と書いて最後のメッセージとするのはおかしなことと思えるだろうが、この本のテーマ――**人生をより深く味わうために奮闘するその旅にこそ真の価値がある**――を考えると、これでよい。

満たされた人生を生きるには選択、意識、集中、努力、成長、熟達が常に求められる。活力、熱意、情熱に満ちた人生の恵みを味わうには、大変な努力と、並々ならぬひたむきさが必要なのだ。

だが、あなたにはそのひたむきさがあると信じている。

ここまで私たちは1塁、2塁と順に回り、コントロール、能力、一致、思いやり、つながりについて学び、ホームランを狙《ねら》って、変化、挑戦、自由な表現、貢献、意識についても考えてきた。人のあり様について知っていると、それだけで人生という一大試合を優位に進めることができる。

試合は想像以上に難しいものになるだろうし、「10の行動意欲」を常に意識的に働かせるのもたやすいことではない。だから、すべてを制御するなど無理な話というのだ。

だがそれは悪いことではない。

「難しい」ことを「悪い」こととする今の風潮は改めなければならない。この本で見てきたように、「簡単」「快適」は満たされた人生を送る妨げになることが多い。

自分への挑戦によって、私たちは生きていることを再び実感し、明るい未来に向かって自分をかり立てていくことができるのだ。それは心と魂が熱く燃える未来で、鳥かごの中の人生や快適な人生からはそんな情熱は生まれてこない。

自分を高め、より果敢で、強く、幸福で、満たされた自分になるために飽くなき挑戦を続けながら私たちは自分の限界を知り、やがてはそれを打ち破って想像さえしたことのないような人生を手に入れる。道は険しいが、進む価値はある。


ここで「10の行動意欲」とその働かせ方について要点を述べるつもりはない。私はあなたがこの本を何度も読み、課題に取り組み、心覚えや夢、計画をパソコンにどんどん打ち込んでいくことを期待している。

これからは自分らしく生きることを自分に許可し、もっと生き生きとした人生を送るために日々励むことがあなたの務めである。そして他人を引き込み、彼らの人生にも活力を与えることを忘れないでほしい。

努力はきっと報われる。この先、何を学んだかにかかわらず、ある朝目が覚めると人生を完全に自分でコントロールしていると感じることがあるだろう。そして、なぜあんなに意気地がなく不安な気持ちでいたのかと思う。ところがまた別の日にはコントロールなどとても無理だと思えてくる。

それが人生というものだ。それは空しいことではない。

では、この道の向こうで何があなたを待っているのか。

内的エネルギーに注意を向けていくともちろん活力と情熱が増す。だがそれだけではない。人生をよりよく理解し、大きな意義を見いだすようになり、人や自分の才能の真価を認識して大切に思う気持ちが生まれる。心のエネルギーは感謝の念へとつながる。自分の人生をありがたいと思う、これほど素晴らしいことが他にあるだろうか。

この本ももう結びまできたが、外の世界は何も変わっていないかもしれない。本を読み終えても、あなたを取り巻く人、課題、問題、チャンスは以前のままだろう。

だが、あなたの中で何かが変わったことを私は期待している。よりよい人生を生きようという変わることのない強い思いを新たに持ち、火花が散るのを感じたことを。

それはいつか燃え盛る炎となり、その熱い思いは誰にも、どんな困難にも消せはしない。

私が今あなたのためにできることがあるとすれば、それはもう1つの意欲について話しておくことだ。「11番目の行動意欲」はこれまでに述べた「10の行動意欲」と違って、人生をそれほど大きく左右するものではない。学術書のテーマや何世紀にも及ぶ哲学的議論の対象、あるいは神経科学者の観察対象になることもない。

だが、これはとても人間的な欲求で、他の行動意欲を働かせるための努力、奮闘、そしてようやく上げた成果は、これがあるから一段と価値あるものとなる。

スポーツ選手が全力をつくすのを見たとき、チーム一丸となってとても無理かと思われた締切りに間に合わせることができたとき、ヒーローが燃え盛る建物の中から現れたとき、子どもが健気《けなげ》に人を助けたとき、不安、疑念、ジレンマにさいなまれていた自分が生まれ変わった姿を見せ周囲や自分さえも驚かせたとき、そんなとき、この行動意欲がみんなを1つにする。

人の最大限の努力や素晴らしい人間性を目撃した、価値ある何か、意義深い何か、実力以上のものを要する何かを全力でやり遂げた、そんなときだけ働くこの行動意欲とは、**「賛美」**である。

満たされた人生を生きるには大きな努力が必要だ。その日、その日の計画を立て意欲を働かせることに意識を向けなければならないし、勇敢に世の中に出ていき、より大きな喜びや情熱を求めて能力いっぱいに働くことも求められる。

欠点を克服すること、最高の自分を表現することも重要だ。選択、挑戦、恐れ、自由があふれる世の中でそうした努力を重ねて、初めてあなたの素晴らしい才能は開花し、人生は賛美の的となる。

世界はあなたの努力を称えてくれるだろう。あなたの本当の人生が外の世界からあなたに呼びかけている。

勇気を出して準備をしよう。

もう一度心の充電をするときがきたのだ。

〈著者プロフィール〉

ブレンドン・バーチャード（Brendon Burchard）

ハイパフォーマンス・アカデミーの創設者。現在、全米で最も人気のあるコーチとして活躍し、次代のアンソニー・ロビンズの呼び声が高い。モチベーション、マーケティングの世界的なトレーナーとして、セミナーには50カ国以上の企業役員や起業家が参加。講演、オーディオ教材、ニュースレターなどを通じて、ひと月に世界200万人以上の人々を奮起させている。
自動車事故にあい一命をとりとめ、人生2度目のチャンスとして「人生のゴールデンチケット」を手に入れて以来、個人やチーム、組織が活力を得るメッセージを伝え、世界に変化をもたらす手助けをすることに人生を捧げている。
ダライ・ラマ、リチャード・ブランソン卿、アンソニー・ロビンズ、ウェイン・ダイアー、スティーヴン・コヴィー、ジョン・グレイ、ブライアン・トレーシー、ハーヴ・エッカー、ジャック・キャンフィールドなど、各界の著名人らと交流があり、『アンダーソン・クーパー』『ABCワールド・ニュース』『オプラ・アンド・フレンズ』をはじめとする米国人気番組のレギュラー出演や、ナショナル・パブリック・ラジオ、『サクセス』誌、『Forbes.com』『ハフィントンポスト』などにも登場している。
著書には、『ニューヨーク・タイムズ』紙、『USAトゥデイ』紙でベストセラーランキング1位に輝いた『人助け起業』や『奇跡が起こる遊園地』がある。

〈訳者プロフィール〉

松丸さとみ（まつまる・さとみ）

学生や日系企業駐在員として英国・ロンドンで計6年強を過ごす。現在はフリーランスにて、幅広い分野の翻訳・通訳・ライティングを行っている。米国NLP協会認定NLPビジネスマスタープラクティショナー。

夏井幸子（なつい・さちこ）

明治学院大学文学部英文学科卒業。訳書に『顧客の心に火をつけろ！』（ソフトバンククリエイティブ）、『リーダーシップ・マスター』（共著、英治出版）、『利益力パワーアップ　会社改造大作戦』（ダイレクト出版）などがある。

小巻靖子（こまき・やすこ）

大阪外国語大学（現大阪大学外国語学部）英語科卒業。都市銀行調査部勤務。退職後、米国コネティカット州での生活を経て翻訳の仕事に携わる。訳書に『億万長者になる人とそこそこで終わる人の10の分かれ目』（講談社）、『カモメ課長！』（講談社）、『人類の歴史を変えた発明1001』（共訳、ゆまに書房）などがある。

カバーデザイン／萩原弦一郎、橋本雪（デジカル）
本文デザイン＆DTP／白石知美（株式会社システムタンク）

自分に自信を持つ方法

2015年3月7日　　初版発行

著　者　ブレンドン・バーチャード
訳　者　松丸さとみ／夏井幸子／小巻靖子
発行者　太田　宏
発行所　フォレスト出版株式会社
〒162-0824 東京都新宿区揚場町2-18　白宝ビル5F
電話　03-5229-5750（営業）
03-5229-5757（編集）
URL　http://www.forestpub.co.jp

印刷・製本　萩原印刷株式会社

ISBN978-4-89451-655-7　Printed in Japan